集団的自衛権・安全保障法制

反対・賛成・中間派も
内容がよく分かる！

清原　淳平　著

善本社

はじめに

平成二十七年の通常国会は、会期が九月下旬まで延長され、国会周辺を中心に、デモ隊が国会や総理官邸を取り巻き、国会内でも会期末には国会議員による乱闘もあった。

会期中に法案はいろいろ成立したが、特に論議の中心となったのは、「集団的自衛権行使の可否」であった。また、それに伴う「安全保障法制整備の可否」であった。

それまでの歴代内閣では、日本も加盟している国際連合の憲法というべき国際連合憲章の第五十一条に、加盟国は、個別的または集団的自衛の固有の権利を有する、との趣旨の規定があるが、日本国の場合は、憲法第九条との関係で、「集団的自衛権は、あっても行使できない」としてきた。

これに対して、安倍総理は以前から疑問を呈してきたが、今国会において「集団的自衛権は、限定的ながら行使できる」とこれまでの政府解釈を変更することを閣議決定し、さらにそれまでの安全保障法制を新しく整備し直す法案を提出し、成立させたことが、問題となった。

そして、この賛否の論議がなお渦巻いており、次の通常国会でも問題視されている。

そこで、私は、この問題が、国際連合憲章という国際法と日本国憲法の特殊性とが衝突するむずかしい問題ではあるが、原則・本筋に立ち返って考えれば、答えは案外簡単に出てくるので、ここに、分かりやすく説明することにした。

そこで、違憲と思っている方も、賛成と思っている方も、そして、この問題はよく分からないと思っている方も、まずは、お読みになっていただきたい。

なお、この本の第三章については、私が、すでに二十五年ほど前に、今回問題となっている根拠について著書を上梓《じょうし》している。この本も、良書を発行することで知られた『ブレーン出版㈱』であったが、出版不況のため五年ほど前に閉社した。しかし、この著書についても購読希望者が出ているので、ご参考にしていただきたく、ここに再録する。その末尾にある年表も、同社の編集者が苦労してまとめた記録なので、併せ再録した。

平成二十七年十二月　吉　日

著者　清原淳平

目次

第一章　集団的自衛権・安全保障法制の問題点

一、「独立主権国家」憲法の条件は何か

賛否激論の調整が必要

安倍内閣が、集団的自衛権について、これまでの政府見解「集団的自衛権は、あっても、行使できない」としてきたのを、「集団的自衛権は、限定的ながら、行使できる」と、政府解釈を改めたこと。そして今年に入って、これまでの安保法制を整理し、新安保関連法案を提起し国会で成立させたが、世間では、なお批判・非難の声が渦巻いている。

これを沈静化する必要を感じ、この論述を提起する。

混迷した世論の沈静化には、根源に立ち返って考えると、問題が解けてくることが多い。

解決は根源に立ち返って

そこで、まず、最初に、「独立主権国家の憲法とは何か」の解明から始める。

一口に憲法といっても、独立主権国家の憲法と植民地憲法・非独立国憲法とがあることに、注目されたい。

一般に、皆さんは、独立国だけが憲法を持つもので、植民地は憲法を持っていないと考えて

いるが、第二次世界大戦が終結した当時までは、地球上に植民地がたくさんあって、それを、支配していたのが、主《あるじ》たる独立主権国家で、それを「宗主国」といった。

十七〜十八世紀あたりは、宗主国は、植民地に、本国の憲法・法制を適用したり、本国が制定した地域法を押し付けることで済ました。

なぜなら、宗主国からすれば、植民地は、非近代地域で、世界に宗主国の勢威を示す「属領」との認識だったからである。

しかし、それから世紀を経て、十九世紀ともなると、植民地内の住民も目覚めてきて、属領にせよ、地域独自の法制度の整備を求めるようになり、宗主国も、その方が統治しやすいと考えて、植民地へ「憲法」を与える宗主国も出てきた。

その良い例が、アメリカのフィリピン統治である。

フィリピンと称される島々は、遠く一五二一年に、当時の大国スペインのマゼランが率いる艦隊により武力制圧され、植民地化された。

くだって、一八九八年にそのスペインとアメリカが戦い、その結果、アメリカは二千万ドルでスペインからフィリピンを買い取った。

アメリカは、フィリピン統治にあたり、一九三五年に自治領として独立準備政府を許し、同時に、フィリピン・コモンウェルスという植民地憲法を与えた。

属国憲法の特色とは?

しかし、植民地の憲法は当然、独立主権国家の憲法とは異なる。どこが、どう違うのか。それは三つある。

第一は、独立主権国家であれば、自国のことは自国で守る軍事力を持つのが当然であるが、植民地の住民にはそれがなく、その防衛は、宗主国に委ねる。

アメリカが、フィリピンに与えたその属国憲法には「戦争放棄」を明記していたし、のちに、軍隊を持たせても、アメリカの指揮下にあることを明記していた。

第二には、それを受けて、当初は、住民が武器を持つことも、武力の行使も許さず、「武力の放棄」も明記していた。(のち緩める)

第三には、植民地は独自の外交権を有することなく、外交はすべて宗主国が行うとされた。この三つである。

のちに、一九四一年、日米戦争が起こったが、その六年前の植民地フィリピンには、米陸軍参謀総長を経て退役したマッカーサー少将が、一九四六年に独立させる予定のフィリピンが軍隊を持つその準備として、一九三五年に、創設すべきフィリピン軍の軍事顧問として赴任した。

そして、日米開戦の四カ月前、彼は中将に昇進し、フィリピン駐屯アメリカ極東陸軍司令官となり、日米開戦後大将に昇進した。なお、フィリピン軍制のもとでは元帥との名称を得た。

それから三年余ほどの日米戦争に勝利したマッカーサー将軍は、日本占領の連合国軍総司令官として日本の統治に当たり、憲法改正を迫り、結局、改正の形を採ったが、今の日本国憲法を施行させた。

その第九条の根幹は、戦争放棄と題し、①武力行使の放棄、②陸海空軍の不保持、③（独立主権国家には認められる）交戦権の否認、である。

この内容は、前掲した植民地時代のフィリピンに、アメリカが与えた植民地憲法によく似ている。詳細は、筆者が、平成三年～四年に発刊した『憲法改正入門』（ブレーン出版刊）後掲。

属国憲法のままで良いのか

すなわち、現行日本国憲法の内容は、独立主権国家の憲法ではなく、非独立国憲法、属領・植民地憲法の体裁・内容であることを、国民の皆さんには、ぜひ、ご認識いただきたい。

それを改正するのが、当団体の創立者・岸信介総理の念願であった。なお、私どもは、現行憲法の基本的人権尊重、自由主義、民主主義体制を、引き続き尊重することに、異論はない。

しかし、日本が、サンフランシスコ平和条約に基づき、昭和二十七年に独立主権国家になったと言うならば、まず、上述した、非独立・植民地憲法の特色というべき第九条の前記三項目を、合法的合理的な手段方法で（憲法第九十六条の改正手続により）改正して、真の独立主権国家の体裁・内容にした上で、民主主義・平和主義などの諸原則を追求していくべきである。

国民の皆さんも、こうした認識に立っていただくと、今回の論議も、見る目が変わってくるものと思う。

なお、日本国憲法を改正できないのはアメリカのせいだ、とする意見があるが、日本と同様な環境下で基本法を制定したドイツが、六十回も改正していることからも、日本人の問題である。

二、「集団的自衛権」を正しく理解しよう！

野党側の認識の欠如

二百四十五日の長期に及んだ第百八十九回通常国会が、九月二十五日に閉会した。その他の法案もかなり成立したが、論議の焦点が、集団的自衛権・安保関連法案であったため、俗に「安保国会」と、呼ばれている。

しかし、安全保障関連法案も、安倍総理の「集団的自衛権は、限定的ながら、行使できる」とした閣議決定が、合憲なのか、違憲なのかが、焦点となるだけに、最初に、「集団的自衛権をどう解釈すべきか」を、検討する必要があろう。

国会論戦を聞いていて、まず思うのは、国会議員の中に、国際連合憲章の中に出てくる、「集団安全保障」という概念と「集団的自衛権」という概念とを区別していないために、論戦が噛み合わないことを感じた。

さらには、国連憲章という国際法上の認識がなくて、ただ、日本国憲法第九条の文言とだけを比較して考える人もいて、そのために、国会論戦を聞いている国民の判断を、誤らせているように思えた。

そこで、国民の皆さまに、正しい認識を持っていただくために、この問題を分かりやすく説明したいと思う。

国連憲章の成立・役割

最初に、「国際連合憲章」、略して「国連憲章」はなぜできたのか、経緯を見よう。

日本が敗戦したのは、第二次世界大戦であることはご承知と思うが、その前に第一次世界大戦（一九一四〜一九一八年）があり、戦後の平和を維持するため、その翌年「国際連盟」の規約ができ、一九二〇年その第一次総会が開催され、本格活動に入った。

しかし、この「国際連盟」は、のちにドイツや日本も脱退し、第二次世界大戦が起きたが、連合国の勝利が見えた一九四四年に米英ソ中の四カ国が集まって、戦後体制を協議し、先の「国際連盟」に代わる「国際連合」を設立することを決め、翌一九四五年六月二十六日、連合国五十カ国によって、「国際連合憲章」（国連憲章と略称）が調印された。

この「国連憲章」は先の「国際連盟」の失敗に懲りて、安全保障について、詳細な規定をおいている。

その中心となる機関が、第二次世界大戦の戦勝国を常任理事国とする「安全保障理事会」である。

「集団安全保障」とは何か

「国連憲章」の安全保障方式は、加盟国に関する紛争が生じた場合は、武力に訴えることを一般的に禁止し、外交力、あるいは国際司法裁判所に提訴するなり、極力、平和的に解決すべきことを、まず、義務づけている。

しかし、当事国間での話し合いがつかず、紛争となる場合は、この「安全保障理事会」が調停にあたる。

それでも、平和に対する脅威、平和の破壊、侵略行為が発生する恐れがあり、現実に発生した場合には、国際社会が一致協力して、適切な措置をとる国際法上の協定である。

そして、紛争地での虐殺などが継続する場合は、常任理事国をはじめとして加盟国も、軍事力を提供し、その紛争の解決にあたる権利・義務がある。こうした仕組が「集団安全保障」である。

わが国は、敗戦後、連合国の占領下にあり、武力放棄の占領下憲法を与えられていたが、独立主権国家ではなかったので、加盟することは認められなかった。

しかし、昭和二十六年、サンフランシスコ平和条約の締結により、翌年に占領下を脱し、ともかく、独立国家となることは許され、日本も、国連加盟を申請し、五年後の昭和三十一年に、やっと国連に加盟することができた。

そこで国連は、日本へ、アフリカなどでの紛争地へ自衛隊の派遣を要請するので、日本政府は、加盟国の義務として、PKO（国連平和維持活動）やPKF（国連平和維持軍）などで、自衛隊を派遣している。しかし、憲法が、武力放棄を記した占領下の属国憲法のままなので、後方支援程度しかできないのである。

次に、国会論戦でも、右の「集団安全保障」との混乱がある「集団的自衛権」について、解説しよう。

「集団的自衛権」とは？

これは、国連憲章第五十一条［自衛権］として規定されている。条文が長いので、その要旨を記すと、国連加盟国に対し、他からの武力攻撃が発生した場合は、主たる有力加盟国を中心に構成される安全保障理事会が必要な措置をとるまでの間、攻撃を受けた国は、防衛・反撃することができるとし、この場合に、「個別的自衛権」と「集団的自衛権」があるとする。

しかし、「個別的自衛権」の方は、読んで字のごとく攻撃を受けた国が独自で、防衛・反撃できるということだから、個人に認められる「正当防衛権」を、国家にも認めたものである。

問題は、「集団的自衛権」だが、加盟国が他国から攻撃・侵略を受けた場合に、被害国と同盟を締結しているなど、密接な関係にある国は、自国が直接攻撃されていなくても、実力をもって阻止・反撃することができることを、国際法上、正当な権利として、認めたものである。

安倍総理の判断は正しい

先の安保国会において、安倍総理の「集団的自衛権は、限定的ながら、行使できる」との発言につき、違憲で許されないとの見解は、日本がすでに国連加盟国であることを忘れているのではないか。

また、日本は、武力放棄を規定する属国憲法のため制約はあるが、すでに独立主権国家だというならば、集団的自衛権を行使できるのは当然というべきである。

三、憲法学者たちが、なぜ違憲とするのか？

違憲論に影響された国民

長年にわたり、歴代政府が「集団的自衛権は、あっても、行使できない」としていたのを、安倍晋三総理が「わが国は、集団的自衛権を限定的ながら、保有する」と、閣議決定で解釈を変更したことについて、憲法審査会で意見を求められた学者が三人とも、それは違憲である、と反対発言した。

これに端を発し、その後マスコミのアンケート調査でも、憲法学者の大勢が違憲としていることが分かり、国民世論も、専門学者が違憲というなら、と違憲論に引きずられてしまった。

私は、この違憲論は、わが国の憲法学者特有のものと思うので、学者たちがなぜ違憲とするのかから、検討に入ることとする。

安倍総理の発言を違憲とする憲法学者の主たる論拠は、現行憲法第九条に規定する①武力行使の放棄、②陸海空軍の不保持、③交戦権の否認、という三要件に反する、ことを理由とする。

そこで、国民の皆さまに、正しい認識を持っていただくために、この問題を分かりやすく説明したいと思う。

属国憲法と独立国憲法

まず反論の第一は、私がこの掲載の㈠「独立主権国憲法の条件は何か」で記したので、ご覧いただきたいが、要約すれば、この第九条の規定は、非独立・属領・植民地憲法の体裁であって、独立主権国家の憲法の体をなしていない、ことである。

その経緯を少しく説明すると、現行憲法は、敗戦後、日本を統治した連合国軍総司令官マッカーサー将軍により、作られたので、占領下ではやむをえなかったが、サンフランシスコ平和条約に基づき、昭和二十七年に独立を再取得して以降、同じ敗戦国のドイツが独立後、六十回も改正して、独立国の体裁を整えたように、日本も本来、改正すべきだった。

しかし、日本では、自由主義政党と革新政党との保革伯仲時代が続いたため、憲法第九十六条［改正手続］の条件を充たすことができないまま、一度も改正されず、今日に及んでいる。

憲法と現実のギャップ

そうすると、どうなるか。憲法にせよ法一般は、制定された時点で静止してしまう。つまり、現行憲法は、昭和二十二年五月の時点で、静止してしまっている。

しかし、現実は、日進月歩、否、ＩＴ時代の今日では、分進秒歩といわれるような速さで、変転・進化している。

そのため、今の憲法と現実との間には、大きなギャップを生じている。

そうすると、時の政権は、この大きな矛盾・ギャップを埋めるため、どうするか。憲法が改正できない以上、時の政府は、属国憲法の内容を、少しでも独立主権国家にふさわしいように、解釈で補わざるを得ない。

安倍政権以前の政権は、憲法改正というと猛反発を受けるので、この第九条の文言を少しずつ解釈で補い、独立主権国家らしく装ってきた。

しかし、これまでの遠い中東での問題と異なり、事態は尖閣はじめ東アジアの目前で、日本が侵略を受けるかどうか、危急存亡に直面しているため、安倍総理は、解釈で変更したのであり、過去の政府が解釈変更できたことから、今回の集団的自衛権の限定的解釈変更は、許される範囲である。

なぜ違憲というのか

そこで、憲法学者たちが、なぜ、こうした理論の認識がなく、違憲論者が多いのか、その原因を、私の体験を交え、ご説明する。

私は、岸信介総理が現職のとき、ご面識を得たこともあり、昭和五十三年から岸信介先生が創立に関与し会長を務める四団体の執行役員を、逐次委嘱された。

その中で、世間で「自主憲」と俗称される団体（議員同盟と国民会議の両団体）の事務局長や常務理事を委嘱されたのは、昭和五十四年の春先であった。

その際、考えたのが、私も一通り六法を勉強はしていたが、憲法改正となると、それに協力してくれる学者を探す必要があることだ。

そこで、憲法学者で著書もある学者を何人か訪ねて講義に来ていただきたい、とお願いした。

解釈学が中心の憲法学者

すると、学者たちは「自分は、現行憲法の解釈学で今日の地位を築いた。著書も売れている。改憲学という立法論をやるとなると、勉強し直さねばならず、地位を失うおそれもあるので、お断りする」との趣旨であった。

それでも、私は憲法の立法論に応じる学者を探して歩き、熱心な学者（のち、学会トップの理事長）の協力をえて、立法論の研究を続け、今日にいたっている。

以上の体験からも、わが国では、ドイツのように、解釈学と立法論とを併せ研究する学者は少なく、ほとんどの憲法学者が、現行憲法の解釈学にこだわるという日本特有の現象がある。

国会議員にもその傾向

この傾向は、法律をつくる立法府に属する国会議員にも多かった。けだし、保革伯仲時代、特に法務大臣就任者に、マスコミがマイクを向け、改憲論者との発言を得て、報道に載せると、当時の社会党はじめ野党が激しく攻撃し、自民党の法務大臣が何人も辞任した。

その際、私どもは、「発言した法務大臣は、だれも、今の憲法を守らないと言っているのではなく、将来、改正した方がよいという立法論を述べているのだから、何ら問題にはならない」と擁護したが、保革伯仲時代のせいか、政権側は、法務大臣の辞任を認めてしまうという、議院内閣制の汚点があった。

四、内閣法制局元長官・最高裁元判事の違憲説？

内閣法制局長官の違憲発言

集団的自衛権について、内閣法制局長官を務めた人たちが、安倍総理の集団的自衛権の解釈変更を、違憲だ、と言っている。しかし、これには、異論がある。

平成二年の湾岸戦争の際、時の内閣法制局長官が「集団的自衛権はあっても、行使できない」旨発言した。

その時はすでに、岸信介先生は逝去されて、後任の会長は木村睦男元参議院議長であった。木村睦男会長は、内閣法制局長官の発言を聞いて怒られ、「あっても、行使できない」とは、そんな曖昧《あいまい》な発言を内閣法制局長官がするのはおかしい。これから、抗議に行くから君も来てくれ、と言われるので、同行した。

内閣法制局長官と対座すると木村会長は早速、法律の専門家がなんでそんな発言をするのか、と迫った。

すると、長官が言うには「内閣法制局というのは、独自の判断で発言しているわけではありません。それは、歴代の内閣総理大臣はじめ行政府の国会答弁を基に、法的判断を行うことが役割です」という趣旨の発言があり、これには、勢い込んで詰問した木村会長も「うーん、それでは、問題は政治家の発言にあるのか」と、最初の意気込みを引っ込め帰ってきた経緯がある。

総理の解釈変更は合憲

私は、内閣法制局長官の答を聞いて、内閣の法制局としては、他の法律内容について内閣から質問を受けた場合は、それについて答えるとして、「集団的自衛権」のように、属国時代の体裁の憲法内容で、本来憲法改正すべきだが、それも出来ないできたが、独立主権国家になったという以上、解釈で補って判断する必要があるという、極めて政治的・政策的事項については、内閣法制局長官のこの答弁は、正しいと思った。ということは、「集団的自衛権行使の可否」といった問題は、内閣総理大臣はじめ内閣の判断で出来る、というべきである。

そうだとすると、今回、内閣法制局長官を退官したあとだからといって、内閣法制局も行政府の機関であり、そのトップを経験した人が、公式の場で、違憲発言することは、感心したことではない。

砂川判決に関する論議

最高裁判所元判事の方も違憲と発言した人がいると聞くが、そうとすれば、その発言は、過去の最高裁判決と異なることを、最高裁元判事が、裁判外で個人的に述べたことになり、感心したことではない。

というのは、安倍晋三総理・内閣が、「集団的自衛権の行使を、最高裁判所も容認している」とし、例として、昭和三十四年十二月十六日のいわゆる「砂川判決」を挙げた。

これに対して、民主党など反対する政党は、この裁判は、東京都内の旧砂川町（現・立川市）にある米軍駐留の立川基地が、日本国憲法第九条に違反するという、基地の違憲性を争った裁判であって、集団的自衛権とは関係ないと主張した。そして、この問題は、いまなお、国会論戦ばかりではなく、民間論議でも、論争の種となっているので、ここに、可否を解説する。

砂川判決は論拠となる

砂川判決が集団的自衛権の論拠とならないという論者は、その判決理由を読んでいない、と思う。

すなわち、裁判の判決文は一般に簡潔であるが、その次の「判決理由」は長いのが普通であるが、砂川判決の「判決理由」は特に長い。インターネットで検索すると、Ａ４判で五十頁を越すので、判決理由まで読まないで、論拠とならない、と断ずる人が多いのではないかと思う。

判決理由の要旨の紹介

そこで、国民の認識を得るため、その判決理由のうしろの方にある部分を、数カ所引用して、国民の理解を求めたい。

「憲法九条一項は、何らわが国の自衛権の制限・禁止に触れたものではなく、『国の自衛権』は国際法上いずれの主権国にも認められた『固有の権利』として当然わが国もこれを保持するものと解すべく、」

「(日本国)憲法はわが国の『生存権』を確認しているのである。然るに、今若しわが国が他国からの武力攻撃を受ける危険があるとしたならば、これに対してわが国の生存権を守るため自衛権の行使として、防衛のため武力攻撃を阻止する措置を採り得ることは当然であり、憲法もこれを禁止していないものと解すべきである。けだし、わが国が武力攻撃を受けた場合でも、自衛権の行使ないし防衛措置を採ることができないとすれば、坐して自滅を待つの外なく、かくの如きは憲法が生存権を確認した趣旨に反すること明らかであるからである。」

「わが国は、国連憲章の承認しているすべての国の固有する『個別的及び集団的自衛権の行使』として、わが国に対する武力攻撃を阻止するため、日本国内及びその付近に米軍軍隊を維持することを希望し、その配備した軍隊を『外部からの武力攻撃に対する日本国の安全に寄与するため等に使用することができる』ことを協定したもの」とあり、政府の主張は全く正しい。

国民が正しい判断を！

以上のことから、国民の皆さんは、憲法学者の大勢が言っているからとか、自分が票を入れている国会議員たちが言っているから、元内閣法制局長官という偉い人たちが言っているからとして、自分もそれに同調するというのではなく、ここは、国民みずからが、いろいろな意見を聞いて、正しい判断をしていただきたい、と願うものである。

五、安保関連法制が違憲か合憲かの前提論拠

安保法制を考える筋道

平成二十七年九月十九日、国会で成立した平和安全保障関連法（以下、安保関連法と略す）についても、成立後の今日でも、違憲説を主張する論者が多い。

一般には、前述してきた「集団的自衛権の限定的行使」について違憲とする人は、安保関連法についても違憲とするであろうし、また「集団的自衛権の限定的行使」について合憲とする人は、安保関連法についても合憲とするのが、論理的な筋であろう。

中には、「集団的自衛権の限定的行使」を違憲としながら、安倍内閣の安保関連法制は合憲だ、とする人もいるようだ。しかし、この考えはおかしい。けだし、法律を学ぶとまず法学原論で基本原理を教わるはずだ。

その中で法律学の大原則の一つとして、上位法下位法の原則がある。これは、法秩序を維持するため、下位の法は上位の法に反することはできないとする原則である。

かつて、社会党の委員長にもなった方が、違憲合法、つまり憲法には反するが、法律として

有効だとしたので、当時、私は、それは上位法下位法の大原則に反しますよ、と手紙を差し上げたことがある。上記の論者も、同じ過ちを犯していることになるからである。

次に、ここで、平和主義について検討しよう。

一国平和主義でよいか？

日本は、先の第二次世界大戦（大東亜戦争）において、軍人・軍属が二百三十万人、加えて民間人八十万人が亡くなっている。

したがって、日本人の家庭・一族では、誰かが亡くなっており、戦争の悲劇は忘れることはできない。

日本人が敗戦後、戦争は嫌だと強く念じたのは当然で、連合国軍総司令部により起案された①武力の放棄、②陸海空軍の不保持、③独立国には認められる交戦権も否認、とする現行憲法第九条の規定は、当時の国民感情にも受け入れられた。

しかし、その後の世界は、すぐ米ソ対立が始まり、極東で、アメリカをはじめとする連合国軍と北朝鮮・中国軍とが激突する朝鮮戦争が起こった。

だが、占領下の日本は、それに巻き込まれず、むしろ朝鮮戦争特需で潤い、早急に経済力を回復できたことで、それを、第九条があるから日本は平和でいられる、と錯覚してしまい、第九条による一国平和主義が正しい、と誤解して、今日にいたっている。

国連に加盟できた意義

ここで、いま一度簡単に歴史を振り返っておこう。

日本は、昭和二十年八月十五日、連合国による降伏条件を記したポツダム宣言を受諾し、連合国軍総司令官マッカーサー将軍の統治下に入り、陸海軍は解体され、独立主権国家ではなくなった。その後、「日本国憲法」なるものは与えられたが、それは、アメリカの植民地時代のフィリピンに与えられた内容と同じく、植民地・属国憲法だった。

昭和二十六年のサンフランシスコ講和条約に調印し、この条約が発効して、翌昭和二十七年に占領下を脱し、独立を認められたが、さらに国際社会に仲間入りするためには、国際連合に加入する必要があり、日本国は、昭和二十七年六月二十三日に国連に加盟申請したが、国連へ加入が認められたのは、四年後の昭和三十一年十二月十八日だった。

国連に加盟できるのは、本来、独立主権国家であり、加盟国は、前文にあるように、二度と戦争の惨禍が起こらないよう、加盟国が協力することを誓うものであり、そのための権利を有

すると同時に、その国連憲章に基づいて、その「義務を誠実に履行しなければならない。」（特に第二条［行動原則］二号）

国際連合は、世界平和を維持するため、そうした崇高な理念を掲げており、またそれを担保すべく安全保障理事会を構成するが、そこに、当時の戦勝五カ国を常任理事国として拒否権を持たせたため、十全に機能していない面はある。

しかし、戦後も、世界各地で紛争、武力行使、虐殺が起こっており、それらがより大きな戦争を引き起こさないよう、国連は、話し合いを斡旋《あっせん》し、停戦を勧め、さらに武力対立が生じた時は、それを引き離すために、前記の加盟国の義務として、軍隊の派遣を求めるなど、国連は努力を続けている。

国際貢献へ転じた国民

しかし、一九九〇（平成二）年、フセイン・イラク大統領によるクウェート占領に対し、国連はイラクの侵略を認め、多国籍軍を編制派遣した。いわゆる湾岸戦争である。

そして当然、加盟国の一員であり、また経済大国である日本にも、その義務の履行を求めてきた。しかし、日本は、第九条があることを理由に断り、資金の提供ですませようとした。

しかし、百三十億ドルという大金を出したにもかかわらず、湾岸戦争が終結してクウェートが独立を回復した式典で、参加国の国旗が林立したのに、日の丸は掲げられなかったことから、日本国民の中に、一国平和主義では、国際社会で受け入れてもらえないことを認識し、世論調査でも、国民も国際協調主義・積極平和主義へと転じてきた。

以来、日本国も、国連から、他の加盟国と同様、自衛隊の派遣を求められると、日本は、まさか、日本国憲法は占領下のままで、まだ独立主権国家ではありませんから、とも言えず、戦闘には参加できませんので、加盟参加国軍の後方支援だけやらせてもらいますとして、PKO（国連平和維持活動）やPKF（国連平和維持軍）に参加してきたのが実情である。

六、世界は戦国時代、国家戦略の認識を！

国家危機、目前に迫る！

五～六年前までの日本は、アメリカの軍事的庇護《ひご》のもと、平和を満喫することができた。

ソ連時代も、またロシアとなってからも、それまでは、その核弾頭付ミサイルが日本に向いていても、核弾頭ミサイル大国のアメリカが、日本を守ってくれているとして、安心もできた。

しかし、ここ十年、中国が大幅に経済力を増してきて、その収益を軍事力につぎこみ、核弾頭付ミサイルも多数保持して、強大な軍事大国となり、尖閣諸島等で圧力をかけてきている。

また、北朝鮮も、長距離ミサイルを開発し、核の小型化にも成功し、核弾頭付ミサイルの十数発は、日本へ打ち込める事態である。

すなわち、国際的な紛争も、以前は、日本の裏側の中東やアフリカでの問題として、切迫さは感じないですんできたが、今や日本の安全は「焦眉の急」である。

平和安保法制の中身！

平成二十七年九月末の国会で成立したいわゆる「平和安全保障法制」の中身は、実に広範多岐にわたり専門的で、それを解明することは、国会議員といえど、むずかしいといえよう。

しかし、それまでの安保法制が個々的にあまりに多数制定され、これでは今日の国家危機に対処することが極めて困難であることも、認識していただきたい。

けだし、前述したようにわが国では、長年、一国平和主義に慣れ、それも紛争地域が中東やアフリカなど遠い地域であったので、国連から要請があるたびに、ソマリアへの後方支援だ、南スーダン派遣だ、そのつど、国会で法律を作ってきたが、そうした法律も実に二十ほどにもなっている。

しかし、いまや、日本の目の前、東アジアに焦点が移っており、それに対処するには、二十もある法律を整理しなければ、対処・運用できないのが実態である。

したがって、私から見れば、今回の安保法制の整備は、「国家の存立・国民の生命・安全を守る」ために、必要不可欠のものであり、国政を預かる為政者として、当然のことをしていると思う。

そして、この新安保関連法制をよく見ると、国連憲章の加盟国として、また独立主権国家としてのあるべき対応に加えて、現行憲法第九条の非独立・属国憲法としての体裁・制約、つまり、国際法と現行憲法との両者に配慮して、そのぎりぎりの線で作られた、苦心の労作だと思う。

こうして、今回の平和安全保障法制は、国連加盟国に要請される独立主権国家と占領下のままの非独立・属国憲法体裁の現行憲法との矛盾を調整した、合憲の範囲の法制であると考える。

私としては、それだけに、国民も、憲法改正に目覚めていただきたい、と念ずる。

日本存立へ日米同盟強化

上述したように、日本はロシア、中国、北朝鮮という核ミサイル保有国に取り囲まれている以上、現実問題として、アメリカの核抑止力に頼らざるをえない。

日本で、先の民主党政権時代の総理が、アメリカに対して、基地や兵員を本国やグアムやハワイに引き揚げるよう要請したが、これは国家防衛・国家戦略を知らないにも、ほどがある。もし、日本の要求によりアメリカ軍が撤退したら、アメリカは日本を守るであろうか。そして、近隣の核保有国のどこかが、日本に対し、二時間以内に降伏せよ、そうしなければ、核ミサイルを打ち込むと要求したら、日本は降伏せざるをえない事態だってありうる。核に取り囲まれている日本は、アメリカによる核抑止力が、絶対必要なのである。

日本人は、平和ボケから、一日も早く目覚めるべきだ。核でなくても、通常兵器の場合であっても、近隣諸国から攻撃・侵略が起こる危険性が目前に迫っている。そうした事態が起こらないことを願っているが、そうした危機事態が発生した場合への備えは、必要である。

世界は戦国時代の様相！　戦略・戦術の認識を！

日本人は、いつまで平和ボケしているのだろうか？

国民の皆さんも、四百年以上前の日本歴史を思い起こしていただきたい。当時、それぞれの戦国大名の国は少しでも隙《すき》を見せれば、侵略されるという、戦略・戦術を駆使して生き残ろうとする時代だったのである。それが、まさにいまの世界・国際情勢である。

それにつけて、先の国会で、野党から、集団的自衛権を行使するとすれば、どういう場合に行使するのか、具体例を挙げよ、また、新安全保障法制が適用される場合の具体例を挙げよ、と盛んに政府へ答弁を迫っていた。

もし、政府がそれに答えれば、日本の議会のやり取りはすべて、近隣諸国で翻訳しているから、日本を攻撃ないし揺さぶろうとする国は、その具体例の間隙を探して攻めてくることに、どうして思いいたらないのだろうか。

中国では、紀元前より古い戦国時代に、戦略家として知られる孫子が著したいわゆる『孫子の兵法』が、現代でもなお、中国指導者に愛読されているという。

欧米では、十八世紀~十九世紀の、当時のプロイセン王国のクラウゼヴィッツが書いた『戦争論』が手本とされている。しかし、中国では、孫子に加えて、クラウゼヴィッツの『戦争論』が翻訳され研究されており、又、アメリカにおいては、クラウゼヴィッツはもちろんとして、『孫子の兵法』を翻訳して研究しているという。

日本の政治家も、国家戦略を勉強していただきたい。

第二章　問題点を平成二十六年秋に早くも発表

【注　記】

集団的自衛権・安全保障法制問題は、本年（平成二十七年）春以降、世論を揺るがす大きな問題として浮上してきたが、安倍晋三総理の「集団的自衛権の限定的解釈変更」を閣議決定で行うとの意向は、すでに昨年（平成二十六年）春に表明されていた。

そして、昨年十一月上旬、世界日報社の早川一郎政治部長から電話で、「閣議決定で集団的自衛権を限定的に解釈で変更するという安倍総理の方針は、いずれ大きな論戦となると思うので、この問題について、その是非・論拠を、清原さん書いていただきたい」との要請があった。

私も同感であったので、急いで案文し送付したところ、平成二十六年十一月二十一日朝刊に掲載してくれたのが、次に掲げた紙面である。

しかし、新聞形式のままでは、読者が読み取りにくいと思い、早川一郎政治部長さんにお願いしご承諾を得て、内容はそのままだが、本文と同じ行・字数に組み直して、ここに、転用させていただいた次第である。

著者

世界日報　The Sekai Nippo　平成26年(2014年)11月21日(金曜日)　オピニオン (4)

国論二分する集団的自衛権

新しい憲法をつくる国民会議会長　清原　淳平

独立国らしく可能な解釈を

安全保障は最大の国民福祉

安倍総理の「憲法解釈を変更して、集団的自衛権の限定的行使を認める閣議決定」（平成26年7月1日）の前後から、今日にいたるまで、その賛否で、国論が二分している。

反対論の理由の第一は、憲法第9条（戦争放棄）条項、特にこの条文の骨子となっている、①武力行使の放棄、②陸海空軍の不保持、③交戦権の否認、の3つに反するからであるという。また、憲法の前文中と第9条1項の冒頭に記載する「平和主義」の規定を、それぞれ厳格に解することを、その根拠理由としている。

しかし、こうした考え方は、もはや時代錯誤の認識だと言いたい。なぜならば、現行憲法は、日本の敗戦と連合国軍の占領下、昭和22年5月3日に施行されて以来、この67年間、一度も改正されていない。それに対し、ドイツはほぼこの間、58回も改正しており、各国とも憲法を多数改正して来ている。

憲法（一般の法も）は制定された時点で静止している。しかし、世の中（時代）は、日進月歩、いや近年では分進秒歩の時代なので、今日の現実との間には、大きなギャップが生じてきている。

ここで、強調したいのは、第9条の規定が「主権を有する独立国家の憲法の体裁ではない」という点である。

占領下の日本を統治したアメリカのマッカーサー元帥は、日米開戦の6年前から、植民地フィリピンの軍政官として、派遣され、フィリピンを統治していた。敗戦し降伏した日本を統治した連合国軍総司令官マッカーサー元帥は、日本側に憲法改正を要求。日本側もいろいろ案文を提出したが入れるところとならず、結局、総司令部が案文をまとめ、そのほとんどを翻訳したのが、いまの日本国憲法である。

特に、その第9条の骨子、①武力行使・戦争の放棄、②陸海空軍の不保持、③交戦権の否認、という内容は、ほぼそのまま、植民地下のフィリピン憲法にも、条文がある。（詳細は、平成3年刊『独立国の体裁をなしていない日本国憲法』平成4年刊『憲法改正入門』（ブレーン出版）参照）

すなわち、現行日本国憲法は、非独立国・植民地憲法の体裁であり、そうした憲法を、護憲派の人は、有り難がって押し戴いているのである。

植民地的な憲法9条は問題

通用しない一国平和主義

「国際貢献」に理解

次に、前掲の平和主義であるが、日本国憲法の前文の中に、「平和を愛する諸国民の公正と信義に信頼して、」との文言があり、また第9条の冒頭に同じような文言「日本国民は、正義と秩序を基調とする国際平和を誠実に希求し」と書いてある。

しかし、米ソ冷戦が始まり、朝鮮戦争も起こり、それから今日までの世界情勢は、日本国憲法が書いているような「平和を愛する諸国民の公正と信義に信頼」とか「正義と秩序を基調とする国際平和を誠実に希求」できるような国際情勢ではなかった。

しかし、日本国民を支配していた「一国平和主義」の認識は、平成2年のフセイン・イラクによるクウェート侵略に対する、アメリカはじめ多国籍軍の「湾岸戦争」勝利終結後から、大きく変わっていく。

すなわち、自分の国さえ平和であればよいという「一国平和主義」では世界に通用しない。やはり「国際貢献主義」へと認識を改めるべきことを悟り、以降、報道の世論調査でも、「憲法（第9条）改正すべし」「少なくとも見直した方がよい」との意見が、過半数を占めてきている。

問題はいまや、日本の目の前、東アジアに危険が迫って来ている。こうした事態で、日本はアメリカの核抑止力に頼らざるを得ず、日米の軍事協力は不可欠だ。現に、日本海や東シナ海などで、日米艦船や航空機は共同あるいは連携行動をとっている。その際、仮に米艦が攻撃を受けた場合、日本の艦船や航空機が逃げ帰ったりすれば、世界の笑い者となり、アメリカも、そうした日本国を、アメリカ人の血を流してまで助けることはしないであろう。

責任示す閣議決定

大体、日本は、ともかく独立回復後の昭和31年12月18日に加盟を認められた国連加盟国である。その国連憲章の第7章は特に注目とされ、そこには「集団安全保障」、すなわち、「平和に対する脅威・破壊・侵略行為が発生した場合、加盟国は一致協力して、平和を回復する」との趣旨の規定がある。

また、その第51条には「国際連合加盟国に対して武力攻撃が発生した場合には、安全保障理事会が、国際の平和及び安全の維持に必要な措置をとるまでの間、個別的又は集団的自衛の固有の権利を害するものではない」との規定があり、したがって、この規定から、国連に加盟した加盟国は、個別的自衛権はもちろん、集団的自衛権を有するのは自明の理である。日本も、独立主権国家として加盟した以上、「集団的自衛権」はある、と解すべきである。

なお、この「集団的自衛権」の具体的内容は、一般に「国際法上、①自国と密接な関係にある外国に対する武力攻撃を、②自国が直接攻撃されていないにもかかわらず、③実力をもって阻止することが正当化される権利」とされる。

それは、すなわち、いま日本が、東アジアで、近隣諸国による脅威に直面している中で、日米安保条約のもと、アメリカ軍と日本の自衛隊が共同訓練・共同行動している際に、アメリカ軍が攻撃されたのに、自衛隊が日本国憲法第9条を理由に、逃げ帰ってよいのか、の問題になる。

この解決は、結局、日本が、「一国平和主義」に立ち、憲法第9条の文言を金科玉条・厳格に解釈する立場をとるのか、または、日本はすでに、昭和26年のサンフランシスコ講和条約締結を経て、翌27年4月28日に、独立主権国家を回復したことを認識した上で、解釈するかの問題になる。

日本は、27年に主権独立国家の地位を回復したというのなら、本来、占領下に作られた非独立国・植民地憲法の体裁の「日本国憲法」を改正すべきであった。

しかし、第96条（憲法改正手続規定）の改正要件が厳格なために、また、当時からずっと保革伯仲時代が続き、今日なお衆議院でも3分の2、参議院でも3分の2以上で発議する、という改正要件を充たすことが出来ない現実から、改憲することができないで来た。

法というものは、本来、文言を厳格に解することが要請されるが、非独立国・植民地憲法の象徴たるこの第9条に関しては、可能なかぎり、独立国にふさわしく、解釈せざるを得ない。現に、歴代の、特に改憲政党たる自由民主党政権では、そのように解釈して、自国のことは自国で守るべく、自衛隊を充実してきた。

そこで、責任ある政権としての安倍総理は、厳格な憲法改正手続を定めた第96条の改正を提言し、いままた、集団的自衛権についてのそれまでの政府見解（集団的自衛権はあっても行使できない）を改めて、わが日本国は、独立主権国として、集団的自衛権は原則的に保有するとし、ただ、第9条の限定もあるので、その集団的自衛権は限定的とならざるを得ないが、とにかく、基本的に集団的自衛権を有するという、閣議決定をされたわけである。

私どもは、「侵略から国民を守ることは、最大の国民福祉である」とかねてから唱えてきているので、安倍総理の今回の閣議決定を全面的に支持するものである。

条約遵守謳う98条

この閣議決定支持について、もう一つの論拠を、提起してみたい。

それは、憲法については、学問上も、憲法優位説と条約優位説とに分かれる。憲法優位説は、護憲派の人たちが主張しているが、私は、日本は、「条約優位説」に立つべきであると主張する。

けだし、前掲のように、日本は、昭和31年12月に、国連加盟国となっており、また、独立主権国であれば、集団的自衛権を有することは、当然と言ってよい。

また、当団体の創立会長は岸信介総理であるが、岸先生が総理の時、日米安全保障条約を改訂したことも、よく知られている。その「日米安全保障条約」の冒頭には、いわゆる前文があって、その中に、はっきりと、「(日米)両国が国際連合憲章に定める個別的又は集団的自衛の固有の権利を有していることを確認し」との明文があるからだ。

国連憲章にせよ日米安保条約にせよ、いずれも、日本の国会で承認され、その批准書を提出・交換している。それにもかかわらず、護憲派のようになお憲法優位だというのであれば、我が国は、国際連合憲章や日米安保条約と日本国憲法との間に、相反する矛盾があるわけである。

ドイツが戦後58回も基本法の条文を改正しているのは、外国との間で条約を締結したり、欧州連合（EU）に加盟し批准すれば、その条約に合わせるべく、自国の基本法の条文を改正しているからである。世界は、そうした「条約優位説」が当たり前なのである。それに、現行日本国憲法は、決して日本国憲法が条約よりも優位だなどとは言っていない。むしろ反対である。すなわち、日本国憲法の前文の中に、「われらは、平和を維持し、専制と隷従、圧迫と偏狭を地上から永遠に除去しようと努めている国際社会において、名誉ある地位を占めたいと思う」と国際協調主義を謳っている、と採れる文言がある。また、日本国憲法第98条2項に「日本国が締結した条約及び確立された国際法規は、これを誠実に遵守することを必要とする」との明文がある。

我が国は、これらの法文を根拠に、集団的自衛権は「基本的に有する」との立場に、認識を転換すべきである。

国論二分する集団的自衛権

独立国らしく可能な解釈を

安倍総理の「憲法解釈を変更して、集団的自衛権の限定的行使を認める閣議決定」（平成二十六年七月一日）の前後から、今日にいたるまで、その賛否で、国論が二分している。

反対論の理由の第一は、憲法第九条（戦争放棄）条項、特にこの条文の骨子となっている、①武力行使の放棄、②陸海空軍の不保持、③交戦権の否認、の三つに反するからであるという。また、憲法の前文中と第九条一項の冒頭に記載する「平和主義」の規定を、それぞれ厳格に解することを、その根拠理由としている。

しかし、こうした考え方は、もはや時代錯誤の認識だと言いたい。なぜならば、現行憲法は、日本の敗戦と連合国軍の占領下、昭和二十二年五月三日に施行されて以来、この六十七年間、一度も改正されていない。それに対し、ドイツはほぼこの間、五十八回も改正しており、各国とも憲法を多数改正してきている。

憲法（一般の法も）は制定された時点で静止している。しかし、世の中（時代）は、日進月歩、いや近年では分進秒歩の時代なので、今日の現実との間には、大きなギャップが生じてきている。

ここで、強調したいのは、第九条の規定が「主権を有する独立国家の憲法の体裁ではない」という点である。

占領下の日本を統治したアメリカのマッカーサー元帥は、日米開戦の六年前から、植民地フィリピンの軍政官として、派遣され、フィリピンを統治していた。

敗戦し降伏した日本を統治した連合国軍総司令官マッカーサー元帥は、日本側に憲法改正を要求。日本側もいろいろ案文を提出したが入れるところとならず、結局、総司令部が案文をまとめ、そのほとんどを翻訳したのが、いまの日本国憲法である。

特に、その第九条の骨子、①武力行使・戦争の放棄、②陸海空軍の不保持、③交戦権の否認、という内容は、ほぼそのまま、植民地下のフィリピン憲法にも、条文がある。(詳細は、平成三年刊『独立国の体裁をなしていない日本国憲法』、平成四年刊『憲法改正入門』[ブレーン出版] いずれも清原淳平著参照)

すなわち、現行日本国憲法は、非独立国・植民地憲法の体裁であり、そうした憲法を、護憲派の人は、ありがたがって押し戴いているのである。

「国際貢献」に理解

次に、前掲の平和主義であるが、日本国憲法の前文の中に、「平和を愛する諸国民の公正と信義に信頼して、」との文言があり、また第九条の冒頭に同じような文言「日本国民は、正義と秩序を基調とする国際平和を誠実に希求し」と書いてある。

しかし、米ソ冷戦が始まり、朝鮮戦争も起こり、それから今日までの世界情勢は、日本国憲法が書いているような「平和を愛する諸国民の公正と信義に信頼」とか「正義と秩序を基調とする国際平和を誠実に希求」できるような国際情勢ではなかった。

しかし、日本国民を支配していた「一国平和主義」の認識は、平成二年のフセイン・イラクによるクウェート侵略に対する、アメリカはじめ多国籍軍の「湾岸戦争」勝利終結後から、大きく変わっていく。

すなわち、自分の国さえ平和であればよいという「一国平和主義」では世界に通用しない。やはり「国際貢献主義」へと認識を改めるべきことを悟り、以降、報道の世論調査でも、「憲法（第九条）改正すべし」「少なくとも見直した方がよい」との意見が、過半数を占めてきている。

問題は、いまや日本の目の前、東アジアに危険が迫ってきている。こうした事態で、日本はアメリカの核抑止力に頼らざるを得ず、日米の軍事協力は不可欠だ。現に、日本海や東シナ海などで、日米艦船や航空機は共同あるいは連携行動をとっている。その際、隣の米艦が攻撃を受けた場合、日本の艦船や航空機が逃げ帰ったりすれば、世界の笑い者となり、アメリカも、そうした日本国を、アメリカ人の血を流してまで助けることはしないであろう。

責任示す閣議決定

大体、日本は、ともかく独立回復後の昭和三十一年十二月二十八日に加盟を認められた国連加盟国である。その国連憲章の第七章は特に柱とされ、そこには「集団安全保障」、すなわち、「平和に対する脅威・破壊・侵略行為が発生した場合、加盟国は一致協力して、平和を回復する」との趣旨の規定がある。

また、その第五十一条には「国際連合加盟国に対して武力攻撃が発生した場合には、安全保障理事会が、国際の平和及び安全の維持に必要な措置をとるまでの間、個別的又は集団的自衛の固有の権利を害するものではない」との規定があり、したがって、この規定から、国連に加盟した加盟国は、個別的自衛権はもちろん、集団的自衛権を有するのは自明の理である。日本も、独立主権国家として加盟した以上、「集団的自衛権」はある、と解すべきである。

なお、この「集団的自衛権」の具体的内容は、一般に「国際法上、①自国と密接な関係にある外国に対する武力攻撃を、②自国が直接攻撃されていないにもかかわらず、③実力をもって阻止することが正当化される権利」とされる。

それは、すなわち、いま日本が、東アジアで、近隣諸国による脅威に直面している中で、日米安保条約のもと、アメリカ軍と日本の自衛隊が共同訓練・共同行動している際に、アメリカ軍が攻撃されたのに、自衛隊が日本国憲法第九条を理由に、逃げ帰ってよいのか、の問題になる。

この解決は、結局、日本が、「一国平和主義」に立ち、憲法第九条の文言を金科玉条・厳格に解釈する立場をとるのか、または、日本はすでに、昭和二十六年のサンフランシスコ平和条約締結を経て、翌二十七年四月二十八日に、独立主権国家を回復したことを認識した上で、解釈するかの問題になる。

日本は、二十七年に主権独立国家の地位を回復したというのなら、本来、占領下に作られた非独立国・植民地憲法の体裁の「日本国憲法」を改正すべきであった。

しかし、第九十六条（憲法改正手続規定）の改正要件が厳格なために、また、当時からずっと保革伯仲時代が続き、今日なお衆議院でも三分の二、参議院でも三分の二以上で発議する、という改正要件を充たすことができない現実から、改憲することができないできた。

法というものは、本来、文言を厳格に解することが要請されるが、非独立国・植民地憲法の象徴たるこの第九条に関しては、可能なかぎり、独立国にふさわしく、解釈せざるを得ない。現に、歴代の、特に改憲政党たる自由民主党政権では、そのように解釈して、自国のことは自国で守るべく、自衛隊を充実してきた。

そこで、責任ある政権としての安倍総理は、厳格な憲法改正手続を定めた第九十六条の改正を提言し、今また、集団的自衛権についてのそれまでの政府見解（集団的自衛権はあっても、行使できない）を改めて、わが日本国は、独立主権国として、集団的自衛権は原則的に保有するとし、ただ、第九条の限定もあるので、その集団的自衛権は限定的とならざるを得ないが、とにかく、基本的に集団的自衛権を有するという、閣議決定をされたわけである。

私どもは、「侵略から国民を守ることは、最大の国民福祉である」とかねてから唱えてきているので、安倍総理の今回の閣議決定を全面的に支持するものである。

条約遵守謳う九十八条

この閣議決定支持について、もう一つの論拠を、提起してみたい。

それは、憲法については、学問上も、憲法優位説と条約優位説とに分かれる。憲法優位説は、護憲派の人たちが主張しているが、私は、日本は、「条約優位説」に立つべきであると主張する。けだし、前掲のように、日本は、昭和三十一年十二月に、国連加盟国となっており、また、独立主権国であれば、集団的自衛権を有することは、当然と言ってよい。

また、当団体の創立会長は岸信介総理であるが、岸先生が総理の時、日米安全保障条約を改訂したことも、よく知られている。その「日米安全保障条約」の冒頭には、いわゆる前文があって、その中に、はっきりと、「(日米) 両国が国際連合憲章に定める個別的又は集団的自衛の固有の権利を有していることを確認し、」との明文があるからだ。

国連憲章にせよ日米安保条約にせよ、いずれも、日本の国会で承認され、その批准書を提出・交換している。それにもかかわらず、護憲派のようになお憲法優位だというのであれば、わが国は、国際連合憲章や日米安保条約と日本国憲法との間に、相反する矛盾があるわけである。

ドイツが戦後五十八回も基本法の条文を改正しているのは、外国との間で条約を締結したり、欧州連合（ＥＵ）に加盟し批准すれば、その条約に合わせるべく、自国の基本法の条文を改正しているからである。世界は、そうした「条約優位説」が当たり前なのである。

それに、現行日本国憲法は、決して日本国憲法が条約よりも優位だなどとは言っていない。むしろ反対である。すなわち、日本国憲法の前文の中に、「われらは、平和を維持し、専制と隷従、圧迫と偏狭を地上から永遠に除去しようと努めている国際社会において、名誉ある地位を占めたいと思う」と国際協調主義を謳《うた》っている、と採れる文章がある。また、日本国憲法第九十八条二項に「日本国が締結した条約及び確立した国際法規は、これを誠実に遵守することを必要とする」との明文がある。

わが国は、これらの法文を根拠に、集団的自衛権は「基本的に有する」との立場に、認識を転換すべきである。

清原淳平著
憲法改正入門
第九条の具体的改正案を提示
細川隆一郎（政治評論家）
国家の大計とは自主憲法の制定、憲法改正であり、これが日本に残された最大の課題であることを、この際、しっかりと認識してもらいたいものです。（本書序文より）
ブレーン出版　定価980円［本体951円］

第三章　『憲法改正入門』（平成四年刊）再録

―第九条の具体的改正案を提示―

【注　記】

この第三章以下は、著者が、平成三年五月三日付で、大会にて発表する資料として、パンフレット形式で団体から出版したところ、当団体の趣旨に賛同して協力してくれていた大門照幸氏（鶴書房元編集長）が、当時、良書を出版することで良く知られていた「ブレーン出版㈱」の伊東英夫社長に話をしてくれた結果、二三七頁に及ぶ図書として、平成四年二月五日付にて、刊行してくれた。

その際、その末尾に、戦後早々からの憲法問題の動きについて年表を作り、将来に残そうという話になり、この年表については、私は数団体の執行役員として忙しいので、大門照幸氏と「ブレーン出版㈱」の編集部からも数人参加して、昭和二〇年から平成三年の四十七年にわたる年表を、苦労して編集し添付してくれた。

その大門照幸氏もすでに亡く、また、良書出版を心掛けた「ブレーン出版㈱」も、五年ほど前、当時から続く出版不況により、閉社したという。

ここに、大門照幸氏並びに「ブレーン出版㈱」に、心からの感謝を捧げる。

著者

日本に残された最大の課題

細川　隆一郎
（政治評論家）

2

私は、昭和二十年八月十五日敗戦の翌日、古巣の毎日新聞社に復帰、政治部記者として再出発しました。

日本政府は、昭和二十一年二月十三日、麻布市兵衛町の外相官邸で、占領軍総司令部のホイットニー准将から、いまの憲法の原案である〝マッカーサー草案〟を押しつけられました。これを受諾しなければ、天皇のお身柄も保証できないと、それまでの憲法の全面改正を迫られたわけです。

その憲法草案を、新聞社で読んで、私は、これは独立国のものではない、これはいかんな、と思いました。それ以来、私は改憲論者です。

さて、自民党は何のためにできたか。昭和三十年十一月十五日に、日比谷公会堂で自由民主党が結党されました。その当時は、吉田茂を総裁とする自由党と鳩山一郎が総裁を務める民主党とがあり、互いに争っていましたが、民主党に三木武吉という人物がおりまして、左右の社会党も合同したことでもあり、保守も合同して強力な体制を作る必要がある。それには、自由党も民主党も個々の政策には違いがあって一致させることがむずかしいが、占領下で出来た憲法を政正しようという点では一致しているから、「小異を捨てて大同につく」で行こう、と両党に呼び掛けて、いまの自由民主党を実現させたのです。

したがって、当時の自由民主党の綱領には、「現行憲法の自主的改正を図り、占領諸法制を再検討し、国情に即してこれが改廃を行う」と掲げてあり、自主憲法の制定が重要な課題でした。つまり、自民党は改憲政党なのです。

しかし、それから四十年近く、こうした立党の精神に立ち帰って、自主憲法制定を推進しようという大物政治家が出ないことは、日本のために誠に悲しむべきことです。政治家たるもの、国家百年の大計、せめて数十年の計でも立てて、国民を説得しリードするのが役目であるのに、野党はもちろん自民党の人々も、日進月歩、いや秒進分歩の世の中で、世界各国が、現実と法とのギャップを是正するべく、戦後何十回とな

3

く憲法を改正しているのに、いまだに時代遅れの憲法にしがみついているのはなんとしたことでしょう。国家の大計とは自主憲法の制定、憲法改正であり、これが日本に残された最大の課題であることを、この際、ぜひしっかりと認識してもらいたいものです。

先ごろの湾岸戦争でも、日本は憲法第九条にしばられてマゴマゴしているうちに、すべて終わってしまったではないですか。一三〇億ドルもの大金を出しても国際社会で発言力も得られなかったではないですか。そして、いまだにPKO（国連平和維持活動）だPKF（国連平和維持軍）だともめている。東西両陣営が和解して新しい世界秩序が生まれつつあるのに、日本は主導権も持てない。国民の皆さん、これでよいのでしょうか。

このままでは、やがて日本は、「自分の国の都合しか考えない勝手な国よ」と、国際社会から仲間はずれにされてゆくことでしょう。それは将来、わが国の滅亡にもつながりかねません。しからば、滅亡を避けるにはどうしたらよいか。それには、自主憲法制定が大事な柱です。東欧やソ連でさえ憲法を改正して民心を一新しようという時、

4

日本は一体何をしているのでしょう。

そうした心配をしている折りも折、清原淳平さんがこの本を書かれました。清原さんは、昭和三十五年の安保条約改正の際、体を張ってこれを実現し、日本の安全と繁栄の基を築いた岸信介総理のもとにあって、十五年ほど前から、自主憲法期成議員同盟、自主憲法制定国民会議の事務局長を務め、風向きが不利な中にあっても憲法改正の灯《とも》し火をかかげ、五月三日には毎年、憲法改正の国民大会を開き、また、毎月、自主憲法研究会を開催して、すでにこの団体で五十カ条ほどの具体的な改憲案を用意しているなど、なかなかの努力家です。

このたびの本は、憲法第九条については意見が分かれることから、清原さんの私見として出されたものですが、実に論理的でかつ分かりやすく、独立国の本質・要件を適確に衝《つ》き、また、後半の第九条の具体的改正案も説得力があり、時いたって、わが国が第九条を改正する時は、かくあるべしと思われますので、ぜひ御一読をと、お勧めする次第です。

まえがき

「のどもと過ぎれば、熱さ忘れる」、「人の噂も七十五日」などの例えがあります。社会機構が複雑化し、毎日忙しい現代人にとって、個人的なことは忘れることも必要な場合があります。

しかし、国家的体験、政治的教訓となれば話は別で、忘れては困る場合が多い。例えば、政治家や官僚の不正・汚職など、事件が起きてしばらくは、やれ政治改革だ、綱紀粛正だと騒がれますが、時間がたつと忘れられて、再び同じような事件を繰り返しております。

同様に、先の湾岸戦争での貴重な体験・教訓が、いま忘れられようとしていることは、それが、わが国の本質・基本に関する問題だけに、由々しきことであり、国民の皆さんの注意を喚起いたしたく、重ねて筆を執った次第です。

6

すなわち、平成二年八月二日に始まったイラクのクウェート侵攻に対して、アメリカはじめ主要各国が、国連決議に基づき、イラク制裁のため実に迅速な行動を取り、翌年三月には、これを早期終結せしめました。

それに引き換え、わが日本は、その対応が鈍く、イラクの侵攻後二カ月も経過して国会に提出した「国連平和協力法案」は、二カ月審議して廃案となり、さらに、平成三年一月に世界に約束した九十億ドルの協力金も二カ月論議して、やっと拠出を決めた時は、すでに湾岸戦争の決着がついたあとでした。

そうした諸外国とわが国との極端な対応の差をみて、当時国民は「日本は、第九条〔戦争放棄規定〕に代表される世界に誇るべき〔平和憲法〕を持っていると教えられてきたのに、この憲法では、どうも世界に通用しないようだ、世界の認識と日本の認識では、かなり食い違っている」と気がつき、また、総額一三〇億ドルもの大金を出しながら、さしたる発言権も持てず、共産主義体制崩壊後の世界新秩序に乗り遅れたのではないか、と苛立ちましたが、それも時間の経過とともに次第に薄れて、こうした本質的問題を忘れかけているいまの情況に、私は国民の一人として、大きな危惧を抱いているわけです。

そこで、私は、長年研究してきた「独立国と憲法の関係論」を踏まえ、この春、私の関係する「時代を刷新する会」から『独立国の体裁をなしていない日本国憲法――あなたは植民地憲法に甘んじるのか』を刊行し、「世界の認識と日本の認識との大きな食い違いは、どこから来るのか」、「いまの日本国憲法は果して独立国の憲法といえるのか」、「平和憲法の象徴とされる第九条には、いかなる問題があるのか」、「この第九条を独立国にふさわしく改めるには、具体的にどのように改正すればよいか」などの課題を明らかにしてきました。

と申しますのも、私が関係する五～六団体の中に、改憲派の国会議員で構成する自主憲法期成議員同盟と、同じく民間有志による自主憲法制定国民会議があり、私が十数年にわたり両団体の事務局長を務めております。そして、この両団体は、長年にわたり、毎月、自主憲法研究会を開き、憲法学者の解説を聞き、これまでに五十項目近い具体的改憲案を作っております。今回のこの論述も、そうした長年の勉強会を踏まえ、第九条問題を中心に、私なりに構成してみたものです。

8

この時の冊子は、いわば会員向けの内部的なものでしたが、それでも各界から多くの反響があり、また、特にブレーン出版株式会社の及川篤二会長より、これを補充してぜひ出版したい、とのお申し出をいただきましたことは、著者として望外の喜びであります。

この書の刊行にあたり、政治評論家の細川隆一郎先生から、御厚情あふれる序文を頂戴いたしましたことに、心から感謝いたしますとともに、また、及川会長のもとに、いろいろ御尽力下さったブレーン出版の道坂春雄取締役はじめ編集部の方々、そして、かねてより念願していた、巻末の「日本国憲法と憲法改正運動年表」の作成を手伝って下さった私の長年の友人、時代を刷新する会の大門照幸理事・出版部長に、この頁をかり、深甚の謝意を表する次第であります。

平成三年十一月吉日

清原淳平

【目　次】

憲法改正入門―第九条の具体的改正案を提示―

序章　湾岸危機論議の根底に誤りあり

一、国際社会の認識から大きくずれている日本

一九八九年（平成元年）末のベルリンの壁開通に始まる米ソの和解によって、「世界平和の到来」と太平ムードに浸《ひた》っていた人々は、翌（平成二年）八月二日未明に始まったイラクのクウェート侵攻・併合に大きな衝撃を受けました。

問題は、そのときの世界主要国の対応の仕方であります。アメリカは、イラクのクウェート侵攻の数日後には兵力を展開しはじめ、イギリス、フランスなども国連安保理事会がイラクの行動を侵略と認定したのを受けて即座に行動を起こし、兵力を展開・充実する措置を採りました。これは、国連憲章第七章に基づく加盟国の義務ですが、それにしても迅速な対応ぶりで、これらの国々では、いかに日頃から危機管理体制が整っているか、を痛感させるものがありました。

それに引き換え、わが国の対応をみますと、イラクのクウェート侵攻後、安全保障会議を開くわけでもなく、ただ、いたずらにときを過ごし、欧米の再三の要請によっ

て、八月末から九月中旬にかけて三回にわけ四〇億ドルの提供を行い、さらに十月に入ってからようやく臨時国会を召集して対応策を協議しましたが、それも、国際社会の感覚から見れば、なんとも生ぬるい内容の「国連平和協力法案」を上程するという状況でありました。

しかも、こうした生ぬるい「国連平和協力法案」も、社会党をはじめとする野党の猛烈な反対に遭い、十二月に入る頃には廃案となることが確定するという始末であったことは、ご存じの通りであります。

とりわけおかしいのは、この「国連平和協力法案」が審議された臨時国会の論戦の中で、野党も政府もすでに戦争が起こらないことを前提にしている論理の展開で、テレビ中継などの報道を見た国民たちの間に、「戦争は起こらない」という認識を植えつけてしまったことです。

国連加盟の主要国が実際に戦闘が行われることを想定して兵力を増派し、各国の世論も戦争となり得ると考える人が六〇％前後に達しているのに、日本だけは、政府・野党の姿勢に引きずられて、戦争が起こらないと考える人が逆に六〇％以上になると

16

いう、国際社会の感覚とは全く逆の数字が出てしまったわけです。

さらに、一月十七日、湾岸戦争が開始されると、予想に反したと驚き、ソ連のゴルバチョフ大統領の甘い調停に期待をつないで、即時停戦を主張する人が多かったわけですが、これも国際政治・戦略の厳しさについての認識に欠けるもの、といわざるを得ません。

また、地上戦が始まった二月下旬、欧米では、ここまで来ればイラクを徹底的に叩くべしとの世論が七〇%を超えていたのに、日本ではまだ停戦を求める声が多く、そうした国際認識の欠如が欧米をますますいら立たせました。

こうした国際情勢から、日本政府は、一月に九〇億ドルの提供を申し出ましたが、これとても野党の反対に遭い、湾岸戦争の決着もついた二月の下旬になって、やっと国会の承認を得ることができたという状況でした。

本来、イラクのクウェート侵攻数日後にはアメリカが兵力を派遣し、イギリスなども続々と兵力を送った状況からしても、日本の政治家は、適確に米英の腹を読むべきであったと思います。また、平和願望の期待と現実政治の厳しさとを混同して、国民の認識を誤った方向に導いてしまったことは、極めて遺憾なことであると申さねばなりません。けだし、平和願望は願望として、現実国際政治の厳しさも認識し、いついかなる事態が生じても対処できるよう準備し、いざというときの段取りを決めておくのが、一国の興亡を預かる政治家の心得であり、平和ボケした国民を説得して目覚めさせるのも役目であるのに、国民と一緒になって平和ボケし、あるいは、平和ボケした人たちに迎合していたのでは、国の指導者としては、まことに困ったものだと申さねばなりません。

二、湾岸戦争を機会に、原理・本筋を正そう

イラクのクウェート侵攻から二カ月も経って立案された政府の「国連平和協力法案」にしましても、その後に開かれた臨時国会、あるいは開戦後の通常国会での与野党の論戦をはじめ、新聞・雑誌・テレビなど報道機関での評論や解説を見聞きしていますと、それらはいずれも、わが国には平和憲法、特に第九条〔戦争放棄規定〕があるか

18

ら、湾岸危機に対して金銭以外の積極的協力はできない、ということに論拠を置いております。

つまり、日本では朝野を挙げて、この憲法第九条〔戦争放棄規定〕（平和憲法）を金科玉条としており、いわば、憲法解釈で「ダメなものはダメ」といった観念が社会党ばかりではなく、与党の議員や国民にまで浸透してしまっているように見えます。

そこには、憲法の観念がすべてであって、主要国と協調して積極的にイラクの不正を正そうとか、国際正義のために血や汗を流そうとか、巨額の資金を提供する代わりに国際的発言権を得ようとか、湾岸戦争終結後の世界新秩序に発言力を確保しようとかの、積極的政治姿勢や、わが国の国際戦略なるものがほとんど感じられません。

大体、わが国は戦後、民主主義の導入にあたって、その基礎をなす「個人主義」の観念を見誤り、個人の権利ばかりを強調するいまの憲法にも影響されて、いいたい放題、やりたい放題するのが個人主義であると誤解し、欧米のように、権利と義務は楯の両面であり、他人の権利や社会の利益を害してまで自己主張することは許されない、とする個人主義の本義を理解できないまま今日まで来てしまいました。

また、その掲げる平和主義も、そうした誤った個人主義＝利己主義に災いされて、自分（の国）だけが平和であればよい、といった消極的・閉鎖的・禁欲的平和主義が横行してしまいました。

それというのも、日本の現行憲法が、第九条で「①戦争・武力行使の永久放棄、②陸海空軍の不保持、③国際法上認められる交戦権の否認」の上に立つ平和主義を規定しているために、結局、積極的に貢献する平和主義ではなく、手段を持たない平和主義、ただ「平和、平和」と唱えれば平和が来る、と考えるような「観念的な平和主義」へ走る結果となってしまったといえましょう。

しかし、敗戦によって打ちひしがれ、三等国、四等国と自嘲していた時代ならばともかく、いま日本は、世界屈指の経済大国・技術大国に成長したのですから、国際社会への貢献も考えなければならず、いつまでも消極的・閉鎖的・禁欲的な平和主義に閉じこもっているべきではなく、もうここらで目を覚まして、その平和主義を、「積極的・普遍的・貢献的な平和主義」へと転ずるべきであると思います。

湾岸戦争は、予想を超えて余りに呆っ気なく、イラクの惨敗、多国籍軍の大勝利に終わって決着がつきましたが、日本は、四〇億ドルに続いて九〇億ドルもの大金を提供したにもかかわらず、国際社会から、事態の認識の欠如、対応のあまりののろさなどを指摘され、先のソ連陣営の崩壊と今回の湾岸戦争後の世界新秩序に乗り遅れ、発言力を失っている事態を、日本人は十分反省して、この際、国際社会の中で認識・対応を誤り、世界の進展について行けなかったのはなぜか、その原因を真剣に考えて見る必要があります。

その場合、何か大きな誤りがあると感ずるときは、物事の本質に立ちかえって考えるのが常道です。先に見たように、今回の湾岸情勢で日本の対応が極めてモタついたのは、政府も国会議員も学者も評論家も、すべての人が現行憲法「第九条の文言」に拘束されていたためといえます。

憲法はたしかに、国の基本法として尊重されなければなりません。しかし、後に詳述・論証するように、大体、この第九条の規定は、独立国の体裁をなしている規定とはいえず、いわば植民地憲法・非独立国憲法の体裁なのですから、私としては、日本が独立国であると主張するならば、この文言をもっと独立国の立場に立って解釈するべきであったと考えます。

本来、この第九条は、昭和二十七年サンフランシスコ平和条約発効後、すみやかに改正されるべきものでしたが、マッカーサーが「衆参各議院の総議員の三分の二の多数で発議すべき」という、極めて厳しい改正手続規定を置いて行ったことと、野党の「憲法」というものに対する認識のなさから、ついに改正の機会を逸したまま今日まで来てしまったのです。

しかし、当時の政府は、軍事力や外交権を外国に委ねるのは独立国とはいえない、との正しい認識に立ち、幸いその第二項に「前項の目的を達するため」という文言が挿入されていたのを僥倖《ぎょうこう》として、兵隊を自衛官といい、軍艦を自衛艦といって、憲法の文言を厳格に解すれば許されない軍隊を維持して来ました。これには無理がありましたが、独立国である以上止《や》むを得ない措置であったと申せましょう。

問題は、後で述べるように、日本は現在、本当に独立国なのかどうか、現行の日本国憲法の文言は独立国としての体裁をなしているかどうか、であると思います。つまり、日本が独立国であって、現行憲法が独立国の体裁をなしていないとすれば、それ

22

は独立国にふさわしく改正されなければならないわけであり、それが簡単には改正できないというのでしたら、その文言を独立国にふさわしく解釈して補うことも止むを得ないということです。

それを逆に、このたびの湾岸危機論議のように、独立国の体裁といえない憲法にこだわって解釈しようとするからこそ、おかしな論理が展開され、外国から、「日本は本当に独立国なのかいな」という疑問がなげかけられてくるわけです。憲法は本来、「独立国の基本法」なのですから、それが「独立国の体裁でない」となれば、そうした文言は、「憲法の文言を尊重する」という命題以前に、国家の存立の問題として、国民によって論議されなければいけないはずのものであります。

そうした意味で、私は、今回の湾岸論議で、政府・与党・野党が、こうした国家としての本質論を正すことを期待したのですが、遂にそうした論議は行われず、野党ばかりでなく、政府も「平和憲法」の抽象理念、「第九条の趣旨」なるものを振りかざし、憲法改正、自主独立憲法づくりの声はほとんど聞こえませんでした。また、せめて、これまでの政府見解を修正することを期待したのに、これも今までの政府見解を繰り返すばかりで、国家の独立性の真髄に触れる討議が見られなかったことは、まことに残念なことでありました。

なお、ここで、誤解のないよう断って置きたいことは、私は「立法論として、独立国の体裁に欠けている現行憲法を改正すべきである。または、解釈上許される範囲で、独立国にふさわしい憲法解釈をするべきである」といっているわけです。日本は、近代国家になったのが遅かったせいか、どうもあまり法の仕組みが理解されず、これまでに国会でも、大臣などが憲法論議をすると大変な騒ぎになり、近頃では、大臣や行政官が憲法論議をするのを避けるのが当然視されています。

しかし、過去の例を挙げますと、法務大臣在任中に改憲発言した稲葉修衆議院議員にせよ、奥野誠亮衆議院議員にせよ、また、専守防衛では国を守れない旨発言した栗栖弘臣、竹田五郎両統合幕僚会議議長にせよ、その発言はいずれも、彼らは今の憲法を守らないといっているわけでは全くなく、「いまの憲法に不備があるから(立法論として)憲法を改正すべきだ」といっているだけで、これは当たり前のことをいったにすぎません。どんな法令でも施行してみて、不備な点があると分かれば、直そうとい

24

うのは、法治主義として当然のことですし、憲法であっても例外ではありません。それなのに日本では、憲法に関しては立法論議もできない状況で、これは法的に遅れているといわざるを得ません。世界各国は第二次大戦後からだけでも、スイス三十四回、西ドイツ三十五回、ソ連五十五回(巻末一覧表参照)というように、頻繁に憲法を改正しており、判例を重視するアメリカでさえ、五回も改正しております。ことにドイツなどでは、現代は日進月歩の時代であるだけに、法と現実とに食い違いがあると感じられたときは、与・野党ともこぞって憲法改正を提唱するのに対して、わが日本国憲法は成立以来すでに四十五年にもなろうかというのに、一度も改正されていないのです。時代に合うように憲法の改正もせず、論議をすることも許さない日本の体質は、まことに異常であり、それが世界の情勢について行けない原因になっていることも、日本人はこの際、しっかりと認識すべきであると思います。

しかし、日本人もようやく、今回の国会やマスコミなどの湾岸論議を聞いて、おぼろげながら、どうやら日本のやっていることは国際感覚からみておかしいようだと、気が付いてきたようです。そこで、私も「現行日本国憲法が本当に独立国としての体裁を持っているかどうか」という本質論について、問題を提起し、その論証を展開してみよう、と考えた次第です。

第一章　日本国憲法は植民地憲法の典型

一、「憲法」というものの本質とその類型

一九九〇年（平成二年）八月二日のイラクによるクウェート侵攻以後のいわゆる湾岸戦争をめぐって、日本国内での政府・国会・マスコミの論調は、すべて、日本には第九条〔戦争放棄規定〕に代表される「平和憲法」があるから、お金はともかく血も汗も流すわけにはゆかない、自衛隊を海外に出すことはできない、という論拠を前提に置いており、これに拘束されていました。

その結果、国会論議もまさに小田原評定（豊臣秀吉が北条を攻めたとき、北条方が小田原城に籠城《ろうじょう》して、延々と会議を重ねて時を無駄に費やし、ついに和解の潮時を失い、北条家の滅亡を招いた事例）にも似て、長い論議を重ねたあげく、秋の臨時国会では「国連平和協力法案」は通らず、四〇億ドルの提供に続く、九〇億ドルの協力金も湾岸戦争が終結してからやっと国会を通るありさまで、いわば「証文の出し遅れ」であり、したがって、一三〇億ドルもの大金を出す始末になりながら、現実に何らの

貢献もできず、戦後復興の分け前にもあずかれず、米ソ和解・湾岸戦争後の国際新秩序の中で、日本はほとんど発言権も得られないという、哀れな姿を晒《さら》してしまいました。

これは、国際社会の論理と日本国内の論理との大きな乖離《かいり》であり、この食い違いに早く気付き、これを急いで改めないと、日本はあなどられ、遠からずして国際社会の孤児となるでありましょう。日本人はいまだ空想的平和主義に浸《ひた》っていますが、国際社会の戦略・戦術はそんなに甘いものではありません。

こうした、日本と国際社会との乖離《かいり》・矛盾を早く是正するためには、日本人もここで、ことの本質に立ちかえって考え直す必要があると思います。

以下、その「ことの本質」を解明してゆきますが、そこでまず、問題の前提として知っていただきたいのが、「憲法」というものの本質です。

いま、必要な範囲でその仕組みを解説しますと、まず、憲法はその国の最高法規、すなわち国法体系の最上位に位置づけられる法規範であるということです。したがって、それは、一般の法令が実定法的意義を持つのに対し、そうした実定法的意義ばかりではなく、その国家の歴史的経過に由来する伝統的理念や政治的・道徳的指導原則が盛り込まれているので、憲法は俗に政治的法律であるなどといわれております。

こうして憲法は、その国の歴史的経過や宗教・道徳規範の影響を受けるので、イスラム教諸国、タイなど仏教を基礎とする国、あるいはキリスト教が精神的基盤であった国などごとに、かなり異なった内容となります。わが国では、欧米型憲法だけが正しいと考える傾向がありますが、イスラム教国にはイスラム教国の理《ことわり》があり、仏教国には仏教国の民族性・伝統があるのですから、これらを一概に軽視することはよくありません。

欧米では、中世末期の近代思想に触発されたフランス革命を契機として、いわゆる近代国家が次々と誕生し、これらの国々には、立法・行政・司法の三権分立、基本的人権の尊重など、ある程度の共通性が見られますが、しかし、ヨーロッパでも、王政を採っている国と共和制を採っている国とでは、かなりの違いもあり、イギリスのようにコモンロー（英国各地の習慣を重んずる判例によって発達した国内法）以来の伝統を重んじ、成文の憲法を持たない国もあります。また、スウェーデンの憲法なども伝統に基づく独特の仕組みを採っています。また、ヨーロッパ諸国のうち、ドイツやフランスは明文の規定を重視するもので、学問上大陸法系と呼ばれており、判例を重視して柔軟な解釈をするイギリスやアメリカのいわゆる英米法系とは、法の仕組みが異なっております。

こうして、世界各国の憲法は、その国の民族性、歴史経過、宗教、他国からの影響などによって、その内容がいろいろと異なりますが、ここで一つ注意していただきたいのは、「独立国憲法」と「植民地憲法」という区分けの仕方です。

二、「独立国憲法」と「植民地憲法」との区別

日本人のほとんどは、憲法を持つ国はすべて独立国であると考えていますが、実際にはそうではありません。かつて、イギリスなどは、植民地に総督を派遣し、直接統治した場合もありますが、イギリスはじめアメリカ、フランス、オランダなどの国々も植民地における猛烈な独立運動を抑えるために、主権は自分たち宗主国に留保しながら、植民地に憲法の制定を許すようになりました。

32

つまり、それは、形式的には「国の体裁」を植民地に与えながら、主権など国としての実質は宗主国が持つという、間接統治方式であったわけです。これらは、植民地時代末期の中南米やアジアに見られ、学者の中には、こうした間接統治方式を採った植民地の憲法を「半独立国憲法」と呼ぶ人もおります。

これらの植民地憲法は、将来、独立するまでの準備期間として制定したり、また体裁は独立国の憲法としながら、付則や協定で主権の部分を宗主国に留保している場合もありますので、「半独立国憲法」と呼んだものでしょうが、私としては、本来、独立国か否かの二者択一であり、実質は植民地なのですから、あいまいな「半独立国」という表現は避けて、厳格であるべき法律用語としては、こうした植民地憲法を「非独立国憲法」と呼ぶべきであると思います。

こうして制定された「非独立国憲法」に共通の特色は、所詮植民地である以上当然のことながら、軍事権、外交権を中心とする「主権の制約」でした。すなわち、宗主国は、植民地に現地人による政府を認める間接統治方式を採るにあたって、現地政府に多くの権限を与えても、最終的には宗主国の承認を必要とする仕組みを採りましたが、さらに重要なことは、軍事権と外交権の二つは、これは独立国特有の権利として当然宗主国の役割とし、したがって、植民地憲法にはこの二つについてはほとんど実質的な規定を置かず、たとえ多少の規定を置いても、付則や協定によって宗主国に留保するのを当然のこととしたのです。

三、日本国憲法の制定手続に、国際法違反の疑いがある

周知のように、第二次世界大戦は一九四五年（昭和二十年）八月十五日、昭和天皇が連合国提示のポツダム宣言を受諾する旨のいわゆる「戦争終結の詔書」を放送されたことによって停戦し、九月二日、東京湾上アメリカの戦艦ミズーリ号で降伏文書の調印が行われて、連合国による日本占領が、正式に始まりました。

その結果、日本は独立国としての地位を失い、ポツダム宣言に基づいて直ちに軍事力の解体が指令され、また十月三十一日には外交活動の全面禁止が指令されて、名実ともに連合国最高司令官マッカーサー元帥による統治が始まるのです。ただし、連合

34

国は日本占領を直接統治とせず、日本政府の存在を認める間接統治の方法を採りました。つまり、それまでの大日本帝国憲法は、連合国軍総司令部（GHQ）の許容する範囲内でしか機能せず、元首である天皇の権能までも占領軍の意思の下に置かれました。

そして、マッカーサーは、早くも敗戦の年の十月四日には、大日本帝国憲法に代わる新憲法の制定を近衛文麿公爵に要求したのです。翌年、日本の憲法改正が期待どおり進まぬと見ると、GHQの職員に命じて作ったいわゆるマッカーサー草案を提示し、ついに日本政府をしてこの草案に基づく新憲法の制定を実現させました。

こうしたマッカーサー総司令部の強引なやり方は、その成立手続の適法性に大きな疑義を生じました。

けだし、欧州諸国では十九世紀中に戦争が繰り返され、当初は勝った国が負けた国の憲法や法律を都合の良いように改正していましたが、その弊害が痛感されるにしたがい、欧州各国は一九〇七年、オランダのハーグで国際平和会議を開き、占領者は被占領地の現行法制を尊重すべきであるという「陸戦ノ法規・慣例ニ関スル条約」、俗にいう「ハーグ条約」を締結しました。これには、数年後にアメリカも日本も批准・加盟しております。

したがって、日本と同じく第二次世界大戦で敗戦国となったドイツでは、連合国からあの強烈なヒットラー憲法を改正するよう要求されたとき、このハーグ条約の存在、ならびに東西に分割されたことを理由に、憲法改正を拒否し、正式の憲法は東西ドイツが統一したときに定めるとして、憲法とはせず、被占領下における基本法として、暫定的な「ドイツ連邦共和国基本法」(当時の西ドイツの首都ボンの名前をとって、俗に「ボン基本法」と呼ばれている)の制定にとどめて、筋を通しました。

また同じ敗戦国イタリアも、このハーグ条約を楯に、連合国からの憲法改正要求を拒否し、憲法を改正したのは一九四六年のパリ講和会議調印後、六カ月を経たのちでありました。

なお、第二次大戦後の一九四六年十月に制定されたフランス第四共和国憲法は、その第九十四条で「本国領土の全部または一部が、外国軍隊の占領下にある場合は、いかなる改正手続にも着手、または遂行することができない。」と明記しております。

36

日本も、ハーグ条約に批准・加盟していたのですから、ドイツやイタリアのように、連合国による憲法改正要求を拒否すればよかったのですが、はじめての敗戦で政府も動転していたのと、当時、連合国による極東委員会筋が天皇戦犯論や天皇制廃止をチラつかせていたので、ともかく天皇制を認めているマッカーサー憲法を受け入れることを承諾したわけです。連合軍が日本にマッカーサー憲法を強引に押しつけたことは、上記ハーグ条約に照らし、また、ドイツやイタリアの場合と比較して、国際法上その制定過程に疑義があるといわざるを得ません。

四、植民地時代のフィリピン憲法と、日本国憲法の類似性

現行憲法の制定手続もさることながら、問題は、マッカーサーによって作られた現行憲法の内容です。マッカーサーは、アメリカ陸軍参謀本部長を務めたあと、一九三五年（昭和十年）にフィリピンの軍事顧問として赴任し、以降、一九四一年の日米開戦まで六年間にわたり、フィリピン元帥として軍政を担当していましたが、私が以前

から指摘しているとおり、現行日本国憲法とマッカーサーが統治していた当時のフィリピンの植民地憲法とには、共通性があります。

それは、戦前の植民地下の旧フィリピン・コモンウェルス憲法（一般に第三フィリピン憲法と呼ばれている）の第二条第三節には「フィリピンは、国策遂行の手段としての戦争を放棄し、一般に承認された国際法の諸原則を国内法の一部として採用する。」とあります。

この条節の前段の戦争放棄規定は、現行日本国憲法に通ずるものがありますが、この第三フィリピン憲法はこの条節の前の第二節で「国防は、政府の主要な任務であって、この任務遂行のために、すべてのフィリピン国民に対し、それぞれの公務に服することを法律により要求することができる。」とし、植民地ながらも軍隊を持つことを認めています。しかし、その付則第十二の中には「アメリカ合衆国大統領の命令があれば、フィリピン連邦政府の組織する当該武装部隊および軍隊を動員する権利を認める。」とあり、さらには付則第一に「フィリピンの市民はすべて、アメリカ合衆国に対し忠誠を尽くす義務がある。」などの規定を置いて、宗主国たるアメリカの主権を明確

38

にしているのです。

また、この条節の後段の「一般に承認された国際法の諸原則を国内法の一部として採用する。」という諸規定も、付則第十の「諸外国に関する事項は、アメリカ合衆国の直接監督下に置かれるものとする。」との規定によって、植民地フィリピンに外交権のないことを明らかにしております。

このように、アメリカは、植民地フィリピンに憲法を制定することを許しはしましたが、当然のこととして主権は認めず、とりわけ独立国に伴う軍事権と外交権については、がっちりと宗主国たるアメリカに留保していたのです。

時移り、日本を占領し、その最高司令官に任命されて日本の統治にあたったマッカーサーの頭の中に、以前長期にわたって携わって来た植民地フィリピンでの体験、植民地憲法による間接統治方式が浮かんだとしても、それはむしろ当然のことでしょう。

つまり、マッカーサーが日本に押しつけた憲法は、まさに植民地憲法の発想に基づくものでした。それは、降伏によって主権を失った日本を統治するのに当然なことであり、したがって、軍事権と外交権を制約することも当たり前と考えられたからです。

ただ、日本と植民地フィリピンの場合とで異なることは、「外交権」については、フィリピンは長年スペインの植民地であり、その植民地を、アメリカが米西戦争に勝って引き継いだため、当初からフィリピン憲法には外交権の具体的規定がなく、そうした規定は将来独立後のフィリピン政府に委ねられたものといえ、当時の憲法にも外交権の規定がなく、ただ、前に述べたように、アメリカが承認した国際条約を遵守させ、付則によって「諸外国に関する事項は、アメリカ合衆国の直接監督下におかれるものとする。」と規定すれば足りたといえます。

しかし、日本については、時勢はもはや植民地時代ではなくなり、むしろ、植民地主義が非難される時代になっていただけに、日本を永続的に植民地とするわけにはゆかず、また、ポツダム宣言でも占領目的が達せられたときは、占領軍は撤収する旨が規定され、いずれは日本の独立が予想されていたので、占領下でも外交権の存在は一応認め、ただし、占領中の外交活動の全面禁止を、日本政府に指令していたことは、すでに述べたとおりです。

なお、日本国憲法の中にある「諸国民の公正と信義に信頼し」（前文）、「正義と秩序

40

を基調とする国際平和を誠実に希求し」(第九条一項前段)、「条約及び確立された国際法規を誠実に遵守する」(第九十八条二項)などの文言は、連合国へのお詫びと誓いの言葉ともとられ、また、その点で日本の外交権に制約を課したものともいえ、それは、先に掲げた植民地下のフィリピン憲法の中の「一般に承認された国際法の諸原則を国内法の一部として採用する。」との表現と一脈通ずるものがある、ということもできましょう。

他方、「軍事権」について植民地フィリピン憲法と占領下の日本国憲法を比較しますと、フィリピンの場合は当時、世界の植民地主義反対の潮流からいずれ独立させなければならず、また、独立したときはアメリカの同盟国となる可能性が高かっただけに、前にふれたように、アメリカの統帥のもとにフィリピン軍の存在を許していたのです。

しかし、日本の場合はこれとは異なり、連合軍は日本軍と苦しい戦いをしてやっと勝ったばかりであり、日本の軍事力に脅威を感じていました。そこで、表面上は、理想的な恒久平和主義を謳いあげ、軍事力の全面放棄を要求したということで、それが、現行憲法第九条の規定となって現れているわけです。

日本に軍事力を許さなかった点では、今の日本国憲法は、植民地当時のフィリピン憲法よりずっと、植民地性・非独立国性の高い体裁の下に置かれている、ということもできるのです。

五、軍事権や外交権を他国に委ねる体制は、独立国とはいえない

しかし、ここで考えなければならないのは、これまでも見てきたように、軍事権や外交権を他国に委ねるのは、独立国とはいえず、実態としては植民地であり、たとえ憲法を持っていても、それは、植民地憲法であり非独立国憲法である、というのが国際法・国際政治から見た実態だということです。

つまり、独立国であるための要件は、「他国に従属しない外交権を持ち、みずからの国はみずから守る体制を有する」ことにあるのです。

わが国の場合は、外交権については、前に述べたように、憲法上一応の規定があり、占領下では停止されていましたが、平和条約の発効とともに独立国としての外交権は

ともかくも法的に回復できたといえます。

しかし、独立国としてのもう一つの要件、軍事権の方はそう簡単にはいきませんでした。マッカーサーは、ポツダム宣言第九の「日本国軍隊は、完全に武装を解除せられたる後、各自の家庭に復帰」せしめる、との条項をそのまま引き継ぎ、昭和二十一年公布の日本国憲法にも、戦争の永久放棄、陸海空軍その他の戦力の不保持に加え、国際法上認められる交戦権さえも否定する、極めて厳しい規定を要求したのです。

つまり、マッカーサーは、植民地フィリピンのように、軍事力は認めた上で、これを指揮する権限を宗主国アメリカに留保するという仕組みではなく、日本に対しては、軍事力を統轄する権利どころか、軍事権の根底をも奪って、軍事力そのものさえ認めず、さらには、独立国には当然認められる交戦権さえもはっきりと否定しました。

これは、明らかに、日本は独立国ではなく、アメリカの庇護《ひご》国（植民地）なのだから、もし、他国が侵略して来るようなことがあれば、軍事・防衛の責任はすべてアメリカが持つ。だから、日本人は何も日本を守ることに気を使わなくてもよい、という構成で、この第九条こそは、植民地時代のフィリピン憲法以上に、日本の植民地性を明確にした規定というべきでしょう。

すなわち、前にふれたように、「独立国の要件は、みずからの国はみずから守る体制を有すること」であり、「他国にみずからの安全を委ねるのは植民地ないし非独立国」であることからしますと、わが日本国憲法第九条の内容は、まさに独立国の体裁をなしておらず、植民地憲法ないし非独立国憲法の体裁といわざるを得ない、ということになります。

六、「独立国とは何か」を認識しよう

しかし、そうしたマッカーサーの日本国憲法制定の意図に反し、やがて米ソの蜜月時代が終わりを告げて覇権争いが始まり、しかも、日本の目の前の朝鮮半島が米ソ両陣営激突の場となるに及んで、マッカーサーも夢から醒めてあわてて日本の再武装を考え、まずは警察予備隊を創設させました。

日本側としても、心ある人々は、第九条がこのままでは独立国の体裁をなさないこ

とを憂えていたので、幸い、昭和二十一年の国会での憲法改正小委員会で、マッカーサー草案にある第九条の厳しい内容に少しでも抵抗しようとして、その第二項冒頭に「前項の目的を達するため、」という文言を挿入することにつき、アメリカの了解を得ることに成功していたので（いわゆる芦田修正といわれるものです）、この文言を手掛かりに、第九条の規定は「侵略戦争を否定したに過ぎず、自衛のための武装は許される」と解釈して、警察予備隊を創設し、これがのちに保安隊となり、さらに今日の自衛隊となって行ったのです。

こうした動きは、「独立国とは何か」を理解している人には当然のことであり、占領下であっても、将来の独立のために必要な準備行為であったといえるのですが、欧米人に比べ法理論に弱い日本人の多くは、こうした「独立国たる論理」を理解できず、欧米むしろ感情的・観念的な平和論に走り、欧米では植民地憲法と理解されるような現行憲法を、逆に理想的憲法と考え、一部にあった独立国憲法の制定、つまり自主憲法制定の声を押し潰してしまったのです。

特に、昭和二十七年四月二十八日、前年締結された対日平和条約の発効で、日本は形式的には独立を得ましたが、現行日本国憲法は、先に指摘したように、「軍事力を持たず、自国の安全を他国に委ねる体裁の第九条を持つ植民地憲法」なのですから、本来、国民こぞって改正するのが筋であったわけですが、イデオロギー的反対もあって、ついにその後、独立国としての体裁を持つ憲法の制定ないし改正も行われることなく、今日まで来てしまったのです。

これは、単にイデオロギーによる反対というばかりではなく、情緒的な要素が強く、法理論に弱い日本人特有の国民性に原因があるのかもしれません。

のちに、岸信介元総理がマッカーサー元帥に会われたとき、マッカーサーは、日本がいまだに憲法を改正しないでいることに驚いた、といわれていますが、すでに述べたように、マッカーサーが長年統治した植民地フィリピンの憲法を念頭において日本国憲法を作ったことを考えると、マッカーサーとしては、日本が独立したのにもかかわらず、なぜ植民地憲法を変えようとしないのか、不思議に思ったこともまさに頷《うなず》けるところです。

岸信介元総理の名前が出たのでついでにいいますと、岸元総理は総理就任前からも

46

「自主憲法制定」を唱え、総理在任中には内閣に憲法調査会を設置して、自主憲法制定・憲法改正の検討を続け、その後も昭和四十四年から昭和六十三年に亡くなるまで、自主憲法期成議員同盟・自主憲法制定国民会議の会長を務められ、私どももその御意見を聞く機会がありました。その趣旨は、

①軍事権を奪われた日本国憲法は独立国の体裁をなしていない。

②そのため、昭和二十六年サンフランシスコ平和条約を締結した際、(第一次)安保条約を結んだが、これはアメリカの庇護《ひご》のもとの片務条約であり、昭和二十七年平和条約の発効によって名目上独立したといっても、こうした片務条約を改定しない限り、真の独立国とはいえない。

③江戸幕府がその国際的無知から、諸外国と不平等条約を結んだことから、その後の明治政府が何十年となく、どれだけ苦労したことか、日本人はそれを想起する必要がある。

④そのため、自分は身命を賭して、少しでも対等のものにしようと努力し、日米安保条約の改定は実現したが、宿願の自主憲法制定・憲法改正ができなかったこと

は、誠に残念である。

⑤国敗れたりといえども、独立国の気概を持つことが大切である。戦後そうした気概を持つ人が少なく、また、厳しい改正手続があって、独立国にふさわしい憲法を作ることができないでいるが、せめて与野党を問わず、政治家がこの気概を忘れずに努力してほしい。いますぐ改正できなくても、高い理想を掲げ、国家・国民のために努力するのが政治家であるべきだ。

といわれていたことが、いまなお耳に残っています。

七、この章の結び——目覚めよ日本人——

以上に述べたように、「憲法」は、理念的要素が強い性格から、万国共通とはゆかず、その国の歴史的成り立ちやイデオロギー、あるいは風俗・伝統・宗教などにも影響されて、その国特有のものが加味され、それぞれの国ごとに特色のある憲法が作られるわけですが、そうした憲法が制定されれば、それは国家の基本法として遵守され

48

なければならないのは当然のことです。

しかしながら、そうした「当然遵守されるべき憲法」の前に、いま一つ、判断されなければならないことがあります。それは、これまで述べてきたように、その憲法が果たして独立国の憲法なのか、植民地の憲法なのかということ、つまり、一応、憲法を持っていても、それは連邦共和国の一員として主権を制限された憲法である場合もありますし、植民地憲法として、宗主国に主権を委ねた憲法である場合もありますから、まずは、そうした植民地憲法や連邦内憲法なのか、それとも完全独立国の憲法なのか、それをしっかり見極める作業が必要だということです。

すなわち、一応もっともらしい憲法を持っていても、その条文をよく見ると、軍事権や外交権を他国に委ねている植民地憲法や連邦内憲法があるということは、繰り返し指摘したとおりです。俗に認識されているように「憲法があれば、独立国である」というわけにはゆかないのですから、その国の独立性を判断するときは、制約されない外交権を持っているか、自分の国は自分で守る体制を採っているか、などその具体的内容を見なければならないわけです。そうした筋道からも、「憲法があって、国がある」のではなく、本来、国、それも、「独立国であってはじめて、外交権や軍事権のある完全な憲法を持てる」といえるものなのです。

こうした「独立国としての基準」を考えたとき、現行日本国憲法はどうでしょうか。すでに見てきたとおり、「①戦争・武力行使の永久放棄、②陸海空軍の不保持、③国の交戦権の否認」を謳う第九条の条項を素直に読む限り、わが国の憲法は「自分の国は自分で守る体制」、すなわち「独立国の体裁を保持している憲法」ということができず、これは、植民地憲法といわれても止むを得ないものであると思います。

日本が、サンフランシスコ平和条約によって、独立国としての仲間入りをしたとはいうものの、占領下に押しつけられた植民地憲法を変えようとせず、ただ、独立国としての体面を保持するために、陸海空軍を自衛隊といい、兵士を自衛官、戦車を特車、軍艦を自衛艦といってでも、一応「自分の国は自分の手で守る」独立国の体面を採ったことは、心ある当時の為政者の智恵として敬意を表しますけれども、その後、憲法を改正して、明文上も独立国の実態を整えようと体を張る為政者・政治家が出なかったことは、まことに悲しいことです。

50

わが国が、こうして「国際社会では独立国とされながら、その実、独立国とはいえない憲法を持ち続ける」以上、さきごろの湾岸戦争で見られたように、世界各国が国連決議に基づき、迅速な対応を示しているとき、わが国は、憲法の解釈をめぐり長々と小田原評定を繰り返した揚げ句、国際社会から見れば生ぬるい「国連平和協力法案」さえ通らず、金だけ出して血も汗も流さぬ自分勝手な国よ、と批判されることも当然であり、こうしたことが今後も繰り返し続くならば、やがて日本は世界の孤児となり果てるでありましょう。

日本国民も、こうした現象が生ずるのは、日本が独立国とはいうものの、実態は占領下に作られた植民地憲法しか持っていないせいだ、ということを、この際十分に認識していただきたいものです。

ただ、憲法改正の手続は、マッカーサーが、その第九十六条で「衆参各議院の総議員の三分の二の多数で発議する」という、世界の憲法の中でも極めて厳しい規定を置いて行ったので、そう簡単には改正できませんが、第九条の規定は、これを植民地憲法ではなく、独立国の憲法と解する場合は、かなり解釈がむずかしくなり、二項の「前項の目的を達するため」が、どこにかかるかなどをめぐって、第九条の解釈は学者でも十八通りに分かれるとさえいわれております。したがって、政府の解釈と野党の解釈とが、食い違うのも当たり前となるわけです。

極論すれば、過去の政府・与党は何とか独立国の体面を保ち得るような解釈をしようとしており、野党は、この憲法が植民地憲法であるという認識はありませんが、ただ、悲惨な戦争体験から戦争に結びつくものを一切嫌う国民感情に乗って、まず独立国であるべきだという認識よりも、マッカーサーが表面掲げた自己陶酔的な理想主義に共鳴し、絶対平和主義、それも消極的・禁欲的・閉鎖的な一国平和主義に、走ってしまったことに起因するものと思われます。

しかし、日本は、敗戦後、限られた自国の領土・領空・領海に逼塞《ひっそく》させられ、厳しい為替レートのもと、貿易活動もままならず、三等国・四等国といわれた時代とは異なり、戦後四十年以上経って、経済大国といわれるほど発展し、世界中に日本人・日本企業が進出しているいま、その平和主義も、以前の消極的・禁欲的・閉鎖的な平和主義ではなく、積極的・前向き・世界貢献的な平和主義へと転じなければなりません。

52

すなわち、私は、日本人も、今回の湾岸戦争の教訓を機会に、この辺で目を覚まして、これまでお話してきた「日本国憲法は果して独立国の憲法といえるのか」といった「ことの本質」を考え直し、また、これまでの「消極的・禁欲的・閉鎖的な平和主義」から、「積極的・前向き・世界貢献的な平和主義」へと意識改革をするよう、日本国民に切に要望し、広く提案をする次第です。

第二章　現行憲法第九条のどこに、いかなる問題があるのか

現行第九条の八つの問題点を洗い出す

前章で、第九条に代表される現行憲法が非独立国・植民地憲法の体裁であることを論証し、これを独立国にふさわしい表現に改めるべきだと主張してまいりましたが、それならば、次に、これをどのように改めれば独立国の憲法にふさわしい体裁になるか、を明らかにするのが筆者の務めである、といえましょう。

そこで、これから検討を進めてゆくにあたっては、まず、本章で、現行憲法第九条には、どのような問題点があるのかを指摘し、その欠陥を洗い出して分かりやすい解説を付し、一般にいわゆる「平和憲法の象徴規定」として崇められているこの第九条が、決してそのように崇高なものではなく、極めて欠陥多き規定であることを論証し、その上で、続く章節において、では、これをどういう条文に改正すれば、独立国にふさわしい合理的な体裁になるか、その具体的条文を挙げてゆくことにしましょう。

〈現行の憲法第九条の条項〉

第九条〔戦争の放棄、軍備の不保持、および交戦権の否認〕

①日本国民は、正義と秩序を基調とする国際平和を誠実に希求し、国権の発動たる戦争と、武力による威嚇又は武力の行使は、国際紛争を解決する手段としては、永久にこれを放棄する。

②前項の目的を達するため、陸海空軍その他の戦力は、これを保持しない。国の交戦権は、これを認めない。

58

〈解説〉

まず、右の現行憲法第九条の内容について、必要な範囲で概説しますと、

(1) 第一項の前段「日本国民は、正義と秩序を基調とする国際平和を誠実に希求し」という文言は、一見、当然のことを書いているわけですが、当然なことをことさら

に書くには、それなりの理由があります。すなわち、この文言は、裏を返せば「これまで日本は、正義と秩序に反する行為をして国際平和を乱して来たから、これからは、正義と秩序を基調とする国際平和を誠実に希求します」（傍線筆者）という詫び証文の要素が強いわけです。純粋に高い精神を謳うのが建前の憲法に、こうした詫び証文を規定することは、国民を卑屈にしますし、現に日本国民に卑屈な傾向をもたらしています。こうした表現を置くことになったのも、いまの憲法が戦争終結から間がなく、アメリカ側の草案に基づいて作られたからだ、といえましょう。

(2) また、冒頭のこの文言のあと、①戦争・武力行使の放棄、②陸海空軍の不保持、③交戦権の否認、の三つを挙げていることは、「これから日本が再び暴れなければ、世界は〔正義と秩序を基調とする国際平和〕が実現されるのだから、日本は、自国の安全をすべて、そうした国際社会に委ねて、軍備など持つ必要がない」といっているわけで、これは、空想的ながら理想主義を謳ったものと善意に解釈することもできますが、現実的には、アジア地域で日本が再びアメリカと武力衝突を起こすことのないようにする意図、と解することができ、また、この条文の内容は、過去の植民地憲法の例と同じく、「自国の安全を、他国ないし国際機関に委ねる」形ですから、この点でもやはり、日本国憲法は、植民地憲法か、または信託統治下の憲法の体裁だ、ということになります。

(3) 次の「国権の発動たる戦争と、武力による威嚇又は武力の行使は、国際紛争を解決する手段としては、永久にこれを放棄する。」の文言は、まず、「国権の発動たる戦争」という表現ですが、「国権」というと日本人にはよく分かりませんが、その英文を見ると「sovereign rigth of the nation」と書かれてあり、したがって、それは「国家の基本的権利」を意味します。

日本の学者の多くは、これを「戦争に関する枕詞であり、意味はない」といいますが、国際法では、「国家は、国際法の定める手続に従う限り、一般に戦争を行うことができるとされ、この戦争を行う権利は、独立国家の持つ権利の中でも、特に基本的な権利である。」と解されて来ました。

現行憲法がわざわざ「国権の発動たる戦争……………は、永久に放棄する。」と明記するのは、「日本には、独立国家として最も基本的な戦争を行う権利はありません

60

よ」ということで、これこそ、日本が独立国でないこと、つまり、植民地あるいは国際信託統治下の属領扱いであることを、如実に示している文言だといえます。

その間にある文言「武力による威嚇」は、現実に武力を行使しなくとも、自国の主張を容れない場合は武力に訴えるぞ、という態度を採って相手国を威嚇することで、植民地獲得競争時代は各国によってよく使われましたが、それは侵略の手段の一つとして反省されるようになり、武力による威嚇を憲法で禁止する国も増えて来ています。

それに続く「武力の行使」の放棄も、かつて「戦争」として宣戦布告をしないでも（宣戦布告など戦意を表明しない場合は、国際法上の意味での戦争ではないことに目を付け）、「事変」とか「事件」という名称を使いながら、実質的には戦闘行動に入る場合が一般に行われましたので、これを禁止する趣旨であり、これは、一応合理的なことではありますが、しかし、その放棄する武力の行使を「侵略的な場合」に限らないと、自衛のため、あるいは国連の決議に基づく制裁行動のための武力の行使までできない、と狭く解釈される可能性があることに注意しなければなりません。

(4) 次の、「国際紛争を解決する手段としては、永久にこれを放棄する。」の文言は、「国際紛争を解決する手段として」が抽象的な表現ですので、学者によっては「すべての戦争はなんらかの意味で国際紛争を解決する手段に外ならないし、日本国憲法のどこにも自衛戦争や軍備を予想した規定がないから、国際紛争が生じた場合は、日本は、もっぱら外交交渉と国際的な調停や裁判に頼るべきで、侵略戦争はもちろん、自衛戦争も制裁戦争もすることはできない」と解釈するものがあり、これが案外、この憲法を押しつけた当時のアメリカ側の真意であったのかもしれません。

しかし、これは一九二八年に締結された国際的な「不戦条約」の第一条に、「締約国は、国際紛争解決のために戦争に訴えることを不法とし、かつ、その相互の関係において、国家的政策の手段としての戦争を放棄する。」とあり、これに第二次世界大戦以前に加入した六十三カ国のほとんどが、「国際紛争を解決するための戦争」「国家的政策の手段としての戦争」という表現は、「侵略戦争だけを意味し、自衛戦争、制裁戦争については、何ら制約されるものではない」という了解の下に、この条約

62

に同意していること、さらに、現在の国際連合憲章第二条三項および四項にある「国際紛争解決のための戦争」も、侵略戦争に限ると解されていることから、日本だけが異なる解釈を採る必要はなく、憲法第九条一項後段の「国際紛争を解決する手段として」は「侵略戦争に限る」と解釈されるべきだと思います。

(5) 第九条二項の後段の「陸海空軍その他の戦力は、これを保持しない。」というのは、まず「陸海空軍……は、これを保持しない。」の部分は読んで字のごとくです。アメリカとしては、アジアの覇権を争い、苦労して打ち負かした日本が、再びアメリカに対抗するような軍事勢力にならないよう制約したいのは、戦争終結直後の感情醒《さ》めやらぬときですから、まことに当然であったでしょう。日本は、当時、アメリカにとって「少し前まで敵国であった」わけですし、その後の推移のような同盟国意識は生まれていないときですから、こうした「陸海空軍……は、これを保持しない。」という憲法を押しつけたのは、自然の勢いでした。

また、前に述べたように、マッカーサーとしては、第二次大戦前六年間にわたり軍政を担当していた当時のアメリカの植民地フィリピンの憲法のことが頭にあって、日本をアメリカの実質植民地化する意図が、この規定を置かせたとも考えられます。

いずれにせよ、戦争が終結して間がない時期には、どうしても感情が残るので、こうした時期には被占領国の憲法を改正するのは、妥当なことではありません。欧州では、十九世紀の間しばしば戦争が起こり、そのたびに勝ったり負けたりを繰返し、当初は、勝った国が負けた国の憲法を変えていましたが、それでは互いに不都合が生ずることを体験し、二十世紀初頭の一九〇七年に、欧州諸国がオランダのハーグに集まって国際会議を開き、戦争に勝った国も、負けた国の諸法規をやたらに変えないことを申し合わせたのです。

この通称「ハーグ条約」には、その後、アメリカも日本も批准・加盟しましたが、幸か不幸か、アメリカも日本も、欧州諸国のように、勝ったり負けたりの経験がなかったために、戦争終結の直後に、アメリカも憲法を変えることを強要し、日本もまた、それを簡単に受け入れることになってしまったのです。

しかし、その後、昭和二十七年の平和条約発効前後、ときの政府は「独立国でありながら、みずからの国を守る手段を持たないわけにはゆかない」との趣旨から、

64

軍を自衛隊といい、陸軍、海軍、空軍とはいわず、陸上自衛隊、海上自衛隊、航空自衛隊という名称を使って、実質上の武力を保持し、今日まで来ているわけです。

(6) 問題は「その他の戦力は、これを保持しない。」の「その他の戦力」ですが、これについてもかなり説が分かれています。一般には、その前に「陸海空軍」という例示を挙げていることから、「その他の戦力」とは「正式には軍という名称を持たなくとも、必要とあれば、いつでも陸海空軍に転化し得る程度の実力、いわば、潜在的な軍隊をいう」と解釈されています。

すなわち、当時、アメリカとしては、戦力の典型である陸海空軍はもちろん、日本が将来、正式には軍隊という名称を用いなくても、実質的には軍隊となるものを創設することをも禁止する趣旨で、この条文を置いたと思われますが、この日本国憲法成立後、間もなく米ソ冷戦が始まり、しかも、それが、朝鮮半島で火を吹くに至り、マッカーサーもあわてて、朝鮮半島に出兵して手薄になった日本防衛のために、日本政府に命じて警察予備隊という名称で武力を持たせ、これが、保安隊、自衛隊と発展するというように、アメリカは、みずから作らせたこの第九条の制約を、みずからの手で実質解除しなければならない羽目に陥ったのです。

日本の学者の中には、「その他の戦力」を広く解釈して、「戦争遂行の手段たり得る一切の人的および物的な実力をも含めて排除する」とする者もいますが、そうなれば、多くの工場や研究施設、飛行場、船舶なども含まれる可能性があります。それでは常識に反しますので、このように広く解釈する必要はありません。

また、日本に、警察予備隊、保安隊、自衛隊が作られてゆく過程において、国会で「戦力とは何か」が論争となりました。政府はかつて「第九条にいう戦力とは、近代戦争を遂行することができる能力である」と説明し、自衛隊はそれに達しないから、戦力を持っておらず、したがって、自衛隊の存在は合憲であるとしました。この論争は、いまだに尾を引いていて、折りにふれ論争の種となり、まことに困った問題です。

こうした論争が生まれるのも、連合国が、敗戦直後の感情が醒《さ》めない内に、日本を懲らしめるために、真の独立国にはなり得ない内容を持つ憲法を押しつけたことに原因がありますが、マッカーサーは同時に、第九六条〔改正手続〕で、世界の中

66

でも例を見ないような、極めて厳しい改正手続条件を課して行きましたので、こうした不合理な条項もいまだ改正することができません。そこで、日本政府は「独立国であれば、みずからの国はみずから守らねばならない」という原則から、この「戦力」についても、無理を承知の解釈をしてきたわけです。

(7) 第九条二項後段の「国の交戦権は、これを認めない。」の文言は、なお一層、日本が独立国でないこと、すなわち、植民地か信託統治の保護領であることを予想させる規定です。

「交戦権」については、大別して、①交戦国の諸権利、つまり、戦時国際法規によって、独立国家に認められる攻撃、臨検、拿捕《だほ》など、交戦国に認められる一切の権利をいうとするもの、②単純に「国家が戦争を行う権利である」と解するもの、③前の両説を併せ持つとするもの、に分かれ、一般には、①③を採ると解釈がむずかしくなるとして、②を採るのが優勢ですが、法文である以上、そんな抽象的なことを規定したとも思えず、したがって、「国の交戦権は、これを認めない。」という文言は、むしろ①と解する方が自然であると思います。

こうして、これまでに見てきたように、日本国憲法第九条を素直に解釈する限り、ここには、マッカーサーの日本占領政策の意図が濃厚に見られ、日本に軍備を持たせないこと、再軍備をさせないことが、あらゆる面・角度から二重・三重にわたって規定されていると解釈されます。

私の事務局には、外人の記者などがときたま来ますが、彼らも、英文で日本国憲法第九条の条文を読む限りでは、日本は一切軍事力を持てないと解釈できる、という人が多いことも申し添えておきましょう。

(8) 問題は、第九条二項の冒頭にある「前項の目的を達するため」という文言についてです。この文言は、当初のアメリカ案にはなかったのですが、昭和二十一年七月に開かれた憲法改正小委員会で、芦田均小委員長（衆議院議員、のち首相）によって、密かに日本の再軍備の道を開くための文言として挿入されたもの、といわれています。もっとも、昭和五十八年に、森清衆議院議員（当時）がこの経緯を調べて、芦田さんが主張しているそうした挿入の事実は、議事録はじめ公式記録を見る限り見当たらない、として疑問を呈しておりますので、その真相は、かならずしもはっ

68

きりしていません。

しかし、それはともかく、この第二項冒頭の「前項の目的を達するため」という文言は、第一項の文中の「国際紛争を解決する手段としては」という文言とともに、その後の憲法解釈に重要な意味を持つに至りました。

つまり、第一項の中の「国際紛争を解決する手段としては」を侵略戦争を意味すると解釈し、かつ、第二項冒頭の「前項の目的を達するため」を、第一項のそれを受けたものと解釈しますと、第二項後段の「陸海空軍その他の戦力は、これを保持しない。国の交戦権は、これを認めない。」は、すべて、侵略戦争の場合だけに適用され、「自衛戦争や制裁戦争などのためなら、陸海空軍その他の戦力も保有し得るし、交戦権も有する」と解釈することができるからです。これまでの政府見解は、多かれ少なかれ、そうした論法に救われている点で、この「前項の目的を達するため」という文言の存在意義は大きいと申さねばなりません。

もっとも、これまでにも述べて来たように、第九条の文中の文言についてはいろいろと解釈が分かれ、また、それに、この「前項の目的を達するため」がどこにかかるかなどをめぐって解釈が分かれ、ある学者が調べたところによりますと、その組み合わせで、学説が十八通りにも分かれるとのことです。

それにつけても、私がいいたいのは、いやしくも憲法と名のつくものであれば、それは国家の基本法ですから、それが、学者によって十八通りにも解釈が分かれるなど言語道断だということです。国家の基本法という以上、小学校の高学年程度の学歴の者が読んで、素直に分かるものでなければなりません。したがって、現行憲法、特にこの第九条については、どこをどう改正するかを論ずる前に、解釈が十八通りにも分かれるという一点においても、当然、改められなければならない性質のものであると、かねてから主張している次第です。

第三章　現行憲法第九条の規定をどのように改めるか

一、現行第九条を独立国にふさわしく四カ条に構成し直す

これまでの章で、先の湾岸戦争に際して、欧米各国と日本との対応のあり方に大きな違いがあり、日本は、総額一三〇億ドルという大金を出しながらも、多国籍軍の戦列に参加してともに血と汗を流そうとしなかったことから、戦友扱いをされず、戦後、ブッシュ大統領の日本訪問は取り消され、ベーカー国務長官の御礼回りも戦闘参加各国の後回しにされてしまったのです。

ソ連が大きく後退してアメリカ主導の国連中心主義の国際新秩序が作られようとしているとき、日本はその新しい船に乗り遅れた感があり、世界の孤児とまではゆかないまでも、日本の将来に大きな危惧《きぐ》が持たれます。

日本人は戦後、理想的平和主義、むしろ幻想的平和主義に酔っている観がありますが、世の中はそんなに甘いものではありません。人間の本質がそれほど変わらない以上、現在の国際社会も、日本の戦国時代に武将が、自分の国を守り生き延びるため、

機敏に時勢を見て動いたのと、本質的にはそれほど大きな変わりがないことを自覚するべきでしょう。

日本人が、先の湾岸戦争への対応で認識を誤り、世界の国々との間に乖離《かいり》を生じてしまった理由は何か。それは、総理大臣をはじめ政府や国会議員、そして民間の識者も口を揃えて論拠とした、現行憲法第九条〔戦争放棄規定〕に代表される「平和憲法」にあったことは、否定できないところであります。

しかし、私は、耳に快く響くこの「平和憲法」なるものの実態は、真の独立国の体裁を持つものではなくて、自分の国の安全を他国に委ねるという典型的な形の「植民地の憲法」、ないしは「国際信託統治下の属領的憲法」であることを、これまでの章で論証して来ました。

つまり、日本人は、国際的に見て「植民地憲法」「非独立国憲法」であるものを、「平和憲法」という耳ざわりのよい美称を冠し、あたかも理想的な独立国の憲法であるかのように錯覚しているところに、世界の国々の認識との間に大きな食い違いを生じている原因があります。さらに始末が悪いことには、そうした理《ことわり》にいまだに気がついていないところに問題があることを、これまでに繰り返し指摘して来ました。

そこで、以上のことがお分かりいただけたものとして、次に問題になるのは、では、こうした植民地の体裁を持つ日本国憲法の条文、特にそれを象徴している第九条の規定をどのように改正すれば、独立国の条文にふさわしい憲法の体裁になるのか、ということです。

そのことについて、以下の節で私の考えを述べて見たいと思います。

第九条をどのように改正するかは、いろいろな見解がありますが、私は私なりに、まずこれを大きく四つに分けて考えて見ました。

その概略を申しますと、まず、現行第九条全体について、そこに現れている「自分の国を自分で守る体裁にない」植民地憲法性を取り去り、「自分の国は自分で守る」独立国憲法の体裁に変えること。そのため、独立国の憲法にふさわしく陸海空軍の存在を明記するが、反面、日本は侵略戦争を行わないことも明記します。そして、日本も独立国として自衛権を持っており、他国からの侵略には自衛戦争を行うこともできるし、また国連加盟国として、国連決議に基づく制裁戦争に参加することもできる、と独立国として当然のことを明記したいと思います。

次に、一般に独立国の憲法であれば明文のある「陸海空軍の指揮権」について新たに一条を置くとともに、その陸海空軍が治安出動や戦闘行動に出る場合の要件についても一条を置くことにします。

そして、さらに、わが国の憲法には、国家としての危機管理体制や緊急事態対処規定が欠如していますので、これの整備を明記し、また緊急事態で内閣総理大臣が欠けた場合についても一条を新設します。以下、章節を分けて詳論しましょう。

二、現行第九条は、次のように改められるべきである

> 第九条〔独立国として陸海空軍の保持とその行使〕
> ① わが国は独立国として、自衛のため陸海空軍その他の戦力を保持する。

76

② わが国は、侵略戦争を否認する。
③ 国際連合が、特定国の行動を侵略と認定したときは、加盟国の義務として、制裁のため陸海空軍その他の戦力を海外に派遣することができる。
④ 国際連合より停戦監視、地雷・機雷除去、救援、輸送、医療、難民救済などにつき要請のあったときも、その目的のため、陸海空軍その他の人員を海外に派遣することができる。
⑤ わが国の自衛権は、世界の通例に従い、個別的自衛権はもちろん集団的自衛権も含まれる。

〈解説〉

(1) すでに序章、第一章などで詳しく述べましたように、世界の常識からすれば、憲法については、その内容を論議する前に、まず、独立国の憲法であるのか、それとも植民地や連邦内共和国など非独立国の憲法であるのか、といったいわば独立性の判断が必要になります。

そして、その独立性のメルクマール（判断基準）は、その国が独自の軍事権と外交権を持っているかどうかです。つまり、「自分の国は自分で守る体制」を持っている国は独立国であり、「自分の国の安全を宗主国など他国に委ねる体制」の国は、国といっても独立国ではなく、植民地であるということです。

また、自主的な外交権を持っていなければ、やはり独立国とはいえず、現行日本国憲法では、前に述べたように、憲法の前文や第九条一項の冒頭に詫び証文的文言があり、見方によっては国際信託統治下にあるかのようなニュアンスもあります。

(2) ともかく前章の現行第九条の解説で述べたように、今の文言を素直に読む限り、①戦争・武力行使の永久放棄、②陸海空軍の不保持、③国家としての交戦権の否認、が掲げられていて、これでは、（政府は解釈で自衛隊を置き、独立国だと主張しておりますけれども）憲法の体裁から見れば、「自分の国はみずから守る」体制にはなく、したがって、日本国憲法は独立国の憲法ではなくて、植民地の憲法の体裁であると申さねばなりません。

こうした植民地憲法を持ち、改めようとせず、しかも、政府も国会も論壇も、これを「平和憲法」と美称して崇《あが》めているにいたっては、まことに情けなく、まさに亡国の論理です。そして、独立国だといいながら、この植民地憲法の文言に従って解釈しようとしますから、国際社会の常識との間に乖離《かいり》を生じ、先の湾岸戦争での対応のように、醜態《しゅうたい》を世界に晒《さら》すことになるわけです。

また、問題は、国際面ばかりではなく、独立国の体裁を持たず、植民地の体裁の憲法であれば、国民の中に自主性のない風潮を生じさせ、おかしな事件がはびこるのも、ごく自然な成り行きです。

(3) 以上の理由からも、わが国は、もういくらなんでもいい加減に目を覚まして、植民地憲法から脱却しなければなりません。ここではっきり、「わが国は、独立国として、自分の国はみずから守るため、他の独立国と同様、陸海空軍その他の戦力を持つ」ことを、そうした独立国としての体裁を整えることを宣言し、憲法改正に取り掛かるべきでしょう。

なお、憲法はじめ法文の各条項において、第一項の次に数項あるときは、その第一項が原則規定であり、第二項以降は、その第一項（原則規定）の補足、例外、解釈などに関する規定となります。

したがって、冒頭に掲げる文言も本来「わが国は、陸海空軍その他の戦力を保持する。」程度でよいはずですが、わが国では、外国から見れば植民地憲法といえるものでも、理想的憲法と崇めてきた経緯もありますので、そこで改正すべき第一項の文言に、今度の憲法は、以前のように植民地憲法ではなく、独立国の憲法なのですよ、ということを国民に認識してもらうために、あえて「わが国は独立国として……」と、「独立国として」という文言を挿入したわけです。

また、「自衛のため」という挿入句も、むしろ第二項以降で規定してもよいところですが、国民が極端な軍備・戦争アレルギーに罹《かか》っていることを配慮して、あえて「……自衛のため陸海空軍その他の戦力を保持する。」と、「自衛のため」を、陸海空軍の前に冠したわけです。

独立国である以上、自衛権があり、自衛力（自国を守るための武力）を持つのは

80

当然であり、侵略を受けた場合に自衛戦争をするのも当たり前のことです。なお、法解釈では、この自衛戦争の中には、後で述べる制裁戦争を含むとするのが一般です。

(4)

新規改定案第二項「わが国は、侵略戦争を否認する。」の規定も、特に一九二八年の国際的に有名ないわゆる「不戦条約」以来、近代憲法に当然のこととされる規定ですが、わが国ではとりわけ「侵略戦争」を忌避する感情が強いので、特に簡潔明瞭に「わが国は、侵略戦争を否認する。」としました。

なお、世界の植民地獲得競争時代の末期に登場した日本が、戦時中にアジア地域で諸国に迷惑をかけたこともあり、アジア各国から日本の軍国主義復活を警戒して、いまの平和憲法=植民地憲法を改正することを嫌う声があり、日本の政治家の中にもこれを理由として憲法改正に反対する人がおりますが、これは、本末転倒もはなはだしいと申さねばなりません。

憲法は国の基本でありバックボーンですから、まず憲法で国の本質を正すべきであり、そのため、日本は独立国にふさわしく憲法を改正して陸海空軍を持つ、ということを諸外国に説明するとともに、それとは別に、しかし、日本は将来とも、侵略戦争をするようなことはありません、そうした憲法の運用はいたしません、ということを諸外国に説明して理解してもらうべきでしょう。

そのように、まず、独立国としての本質を外国に説明し、その上で、侵略戦争をしないという運用面の説明をすることこそ、政治家や外交官の役割です。それを、海外が怖《こわ》がるからという理由で、本質についても運用についても、説明して理解を求めないというのでは、本末転倒です。

(5) 現行憲法では「戦争……を放棄する。」とあるのに対し、改正案ではご覧のように「侵略戦争を……否認する。」としました。日本人は、現行憲法に「戦争放棄」とあるところから、「放棄」という表現が法的に当たり前であるかのように受け取っておりますが、これは間違いです。なぜならば、法律用語では、放棄とは、よく「相続放棄」というように、本来正当な権利があるのに、それを辞退する場合をいい、正当な権利関係がないものを初めから認めない場合は「否認」というのが決まりだからです。

82

現行第九条にいう「戦争の放棄」の場合の「戦争」は、一般に侵略戦争を指すとされますが、侵略戦争は正当な権利とは国際法上も認めていませんから、これは放棄というべきではなく、「否認」というのが正しいわけです。諸外国の憲法も一般に否認と記しています。こうした法律用語の誤りも、現行憲法には二十八カ所ほどもあり、半分素人のマッカーサー総司令部の職員が起案し、日本政府も十分な審議を尽くさないで、現行憲法を承認したことの結果が露呈したものといえます。

(6)　改正案第三項の「国際連合が、特定国の行動を侵略と認定したときは、加盟国の義務として、制裁のため陸海空軍その他の戦力を海外に派遣することができる。」としたのは、先の湾岸戦争の際の議論を考慮しての規定です。当時の議論では、野党の反対もあり、また、海部総理はじめ政府も、自衛隊を海外に派遣することは第九条に違反してできない、としました。

しかし、何度もいうように、明文上、独立国であれば当然な軍隊の存在を認めず、辛うじて解釈によって自衛隊を存在させているような「植民地憲法」にとらわれていては、独立国にふさわしい対応ができないのは当たり前のことで、そこに、日本の対応が世界の目から見て奇異に映る原因があるのです。

しかも、日本は昭和二十七年の第十三回国会において、海外派兵をしないといった特別の留保もなく、国際連合に加入することを決議し、国連に加盟したのですから、この点では、一人前の独立国としての加盟であるといえます。したがって、国連憲章の第七章〔平和に対する脅威、平和の破壊及び侵略行為に関する行動〕の各条項はじめ、それに伴う過去の国連決議事項に従う義務があるにもかかわらず、日頃から「世界に貢献する日本」などと胸を張っていた日本が、今回の湾岸戦争で見せた態度は、イラク制裁戦争に参加協力した三十カ国からすれば、優柔不断、なんとも不可解で、むしろ国際社会の歩調を乱す裏切り者、と解されても止《や》むを得ないものでした。

したがって、日本人の誤った認識を是正するためにも、独立国として当然のことながら、「国際連合が、特定国の行動を侵略と認定したときは、加盟国の義務として、制裁のため陸海空軍その他の戦力を海外に派遣することができる。」との文言を明記したわけです。海外派兵問題も、いまの憲法のように規定もなしに自衛隊派遣

84

論議をすると諸外国から心配の声が上がることもあるでしょうが、憲法にこうしてはっきりと派兵の条件をつけておけば、アジア諸国もむしろ安心すると思います。また、わが国の政治家・外交官も説明しやすくなるでしょう。

(7) 次の改正案第四項の「国際連合より停戦監視、地雷・機雷除去、救援、輸送、医療、難民救済などにつき要請のあったときも、その目的のため、陸海空軍その他の人員を海外に派遣することができる。」の規定も、国連に加盟している以上、当然の規定ですが、わが国では湾岸戦争論議で見られたように、当然のことが当然に受け取られない国なので、無益な論争を繰り返さないために、いわば注意規定として掲げたわけです。

ただし、前項に続き、海外派兵が拡大されるのではないかという国民の過剰反応を考え、この場合も、前段に掲げた例示に続けて、念押し的に「その目的のため」という文言を挿入し、国連から要請のあった場合と、これらの目的に相当する場合に限り派遣する、旨を明示する配慮をしました。

(8) この条の最後の改正案第五項の「わが国の自衛権は、世界の通例に従い、個別的自衛権はもちろん、集団的自衛権も含まれる。」の規定は、わが国ではこの憲法成立後早くから、個別的自衛権・集団的自衛権の論議が繰り返され、近年では、政府・与党まで野党に同調して、この両者を区分けし、日本は、個別的自衛権はあるが集団的自衛権はないとか、集団的自衛権はあっても行使できない、といった論調が横行しています。

しかし、理論的・学問的には個別的自衛権・集団的自衛権を区別することができても、現実の世界では、国家が個別的自衛権と集団的自衛権の両者を持つのは当たり前であり、国連憲章第五十一条も「この憲章のいかなる規定も、国際連合加盟国に対して武力攻撃が発生した場合には、安全保障理事会が国際の平和及び安全の維持に必要な措置をとるまでの間、個別的又は集団的自衛の固有の権利を害するものではない。」(傍線は筆者)として、個別的自衛権・集団的自衛権は、ともに「国家の固有の権利」であることを明言しています。

わが国だけが、いまの憲法の解釈から、「個別的自衛権はあっても、集団的自衛権はない」とか「集団的自衛権はあるが、行使できない」などと解釈するのは、そう

86

した議論が出ること自体、みずから日本が独立国家ではないことを証明しているわけで、そのためにも、日本は早く憲法を改正して、名実ともに独立国の体裁をとり、こうした世界の認識と食い違う論議が起こらないようにしなければなりません。そうした点で、この規定も、世界の常識からすれば当然の規定ではありますが、日本国民は長年にわたりおかしな論理に慣れて来たので、そうした認識を是正するためにも、注意的にこの規定を置いたわけです。

第四章　陸海空軍の指揮権、出動の要件、緊急事態対処規定の新設

一、陸海空軍の指揮権の明記

第九条の二〔陸海空軍の指揮権〕

① 内閣総理大臣は、陸海空軍その他の戦力の最高指揮官である。

② 前条の規定により、軍事行動または治安出動が必要となった場合も、内閣総理大臣が、陸海空軍その他の戦力を指揮する。

③ 内閣総理大臣は、必要に応じ、担当国務大臣その他の者に現地の指揮をとらせることができる。

〈解説〉

(1)　こうして新たに新設する場合は、全面改正であれば、順次それぞれ一条としますが、今回は、とりあえず現行第九条の改正案としていますので、法文改正の習わしに従い、第九条の一、二、三という形で、新設の条項を立てることにします。

(2)　この条項は、陸海空軍の指揮権を誰が有するかの規定ですが、こうした条項は、独立国の憲法であれば当然のこととして、一般にどこの国でも明文の規定を置いています。いわば、憲法を構成する上で一般に必要な規定です。

それにもかかわらず、現行憲法が「戦争・武力行使を永久に放棄している」のは、その発案者につき、マッカーサー説、当時の幣原喜重郎首相説、あるいは昭和天皇説がありますが、いずれにせよ、世界歴史の経過や人間の権力構造を認識していない余りにも理想的・幻想的な平和主義です。特に軍人であり、何度も戦争に参加したマッカーサーがこうした幻想を抱いていたとは考えられず、もし、マッカーサーの発案だとすれば、それは別の意図、つまり、日本に二度と軍事的に立ち上がれないよう制裁を課し、また、もし日本の安全が脅かされるようなことがあれば、その

92

時はアメリカが対処するから日本は何ら心配しないでもよいという、日本「植民地」化政策の現れであったと解釈した方が合理的です。

(3) ともかく、日本は独立国であるならば、前条改正案で説明したように、「自分の国はみずから守る」独立国体制を採る必要があるとともに、一般にどこの独立国でも規定している「軍の指揮権を誰がとるか」の規定を置くべきです。また、その方が、現在のように、憲法の明文上そうした規定がなく、自衛隊法で総理の指揮権を認めるより、安心ができるというものです。

そうした趣旨から、私は前に掲げたように「内閣総理大臣は、陸海空軍その他の戦力の最高指揮官である。」と、総理の指揮権を明確にし、かつ、非常事態が発生して、軍事行動または治安出動が必要となった場合についても、「内閣総理大臣が、陸海空軍その他の戦力を指揮する。」として、その指揮権とともに責任の所在を明らかにする規定を置いたわけです。

(4) 第三項の「内閣総理大臣は、必要に応じ、担当国務大臣その他の者に現地の指揮をとらせることができる。」の規定は、これまた当然な規定ですが、軍事的出動の場合は、その規模や遠隔地、その他の状況から総理大臣みずから出向いて指揮をとることがふさわしくなく、戦略戦術の専門家に現地の指揮をとらせる方が理《ことわり》にかなっているので、こうした規定を置くことにしたわけです。

しかし、もとより、内閣総理大臣は、必要に応じて指揮官の報告を受け、大局的判断を下す必要があり、その最終責任は、最高司令官としての総理が持つことはいうまでもありません。

94

二、治安出動・戦闘出動を行う場合の要件

> 第九条の三〔治安出動・戦闘出動する場合の要件〕
>
> ①　日常の業務を超えて、陸海空軍を治安出動・戦闘出動せしめる必要が生じたときは、内閣総理大臣は、原則として国会の承

諾を得てから出動を命ずるものとする。

② 緊急止むを得ない場合、内閣総理大臣は、国会の承諾を得ずして、陸海空軍を治安あるいは戦闘のため、出動せしめることができる。

ただし、この場合は、可能な限り速やかに国会を開いて、その承諾を得なければならない。

③ 内閣総理大臣は、第九条の一に認める自衛戦争ないし制裁戦争の場合において、国際法上必要と認めるときは、宣戦を布告し、停戦を命じ、あるいは講和を結ぶことができる。

ただし、この場合は、事前または事後に、国会の承諾、及び天皇の認証を得なければならない。

95　第四章　陸海空軍の指揮権、出動の要件、緊急事態対処規定

〈解説〉

(1) さて、前に述べたように、わが国が名実ともに独立国として、自国を守るため陸海空軍を持ち、その軍事力行使の内容を定め、その指揮権者を明示したとしても、さらに、治安出動したり戦闘行動に出る場合の要件を定めておく必要があります。つまり、軍事力の行使は、大きな強制力を持つので、たとえ、その指揮権が総理ないしその受任者にあるとしても、彼らだけの判断に任せることは危険であり、また、総理大臣が危急の事態を利用し軍事力によって独裁を図る場合も考え得るので、そうしたことの起こらないようチェックする必要があるわけです。

現行憲法下では、こうしたチェック規定がないので、もし、将来の総理がいまの自衛隊を悪用しようと思えばできる構造になっております。そうした危険を排除するためにも、憲法を改正して、こうした規定を置くべきでしょう。

(2) そうした趣旨から、この改正条項の第一項は分かりやすく「日常の業務を超えて、陸海空軍を治安出動・戦闘出動せしめる必要が生じたときは、内閣総理大臣は、原則として国会の承諾を得てから出動を命ずるものとする。」と規定したわけです。

96

国民の代表者によって構成される国会の承諾を条件とすることが、最も合理的だからです。

(3) 次の第二項の「緊急止むを得ない場合、内閣総理大臣は、国会の承諾を得ずして、陸海空軍を治安あるいは戦闘のため、出動せしめることができる。ただし、この場合は、可能な限り速やかに国会を開いて、その承諾を得なければならない。」の規定は、内閣総理大臣の出動権につき国会の事前承諾を絶対条件とするときは、他国からのミサイル発射による侵略など、緊急の対処を必要とする場合に時機を失して、国家に取り返しがつかない不利益を生ずる場合が予想されますので、前項の原則に対する例外規定として、総理大臣は、緊急止むを得ない場合に、国会の承諾を得ずして、治安出動・戦闘出動を命ずることができるとしましたが、しかし、事後においてもチェック機能は必要であるので、ただし書で「可能な限り速やかに国会を開いて、その承諾を得なければならない。」としたわけです。

(4) 本条の改正案第三項の「内閣総理大臣は、第九条の一に認める自衛戦争ないし制裁戦争の場合において、国際法上必要と認める時は、宣戦を布告し、停戦を命じ、あるいは講和を結ぶことができる。ただし、この場合は、事前または事後に、国会の承諾及び天皇の認証を得なければならない。」の規定は、宣戦布告、停戦命令、講和締結などは、多くの国で、元首または行政の最高責任者の権限として明記されているのが普通で、これも古くから独立国家の重要な権限とされて来ました。

現行憲法にこうした規定がないのは、第九条の戦争・武力行使の永久放棄との関連からでしょうが、わが国が前に述べたように第九条を改正して独立国の体裁を整える以上、こうした規定も新設するのが妥当と思われます。

なお、諸外国では、宣戦布告、停戦命令、講和締結などは、元首の権限とするところが多いようですが、現代国家では、行政府や立法府が実質上決定する仕組みを採っていますので、私の案では、そうした実質に従い、これを天皇の権限とはしないで、行政府の長たる内閣総理大臣の権限とし、天皇は単にこれを認証するにとどめることにしました。そうした方が、天皇に責任問題が及ばないとの配慮からです。

しかし、これらの権限を内閣総理大臣に与えた形を採っても、決して総理の専権ではなく、それは閣議にかけて決定するのはもちろん、事前ないし事後に国会の承

98

諾を得ることを条件にしたわけです。

三、緊急事態への対処と危機管理体制の整備

第九条の四〔危機管理体制及び緊急事態対処方式の整備〕
① 国は、戦争・災害などの有事に備えて、危機管理体制及び緊急事態対処方式を整備しなければならない。
② 内閣総理大臣は、危急の場合、事前または事後に国会の承諾を得て、必要な範囲で緊急の財政処分をなすことができる。
③ 内閣総理大臣が欠けた場合に、憲法の規定によって新たに総理大臣を指名するいとまがなく、緊急を要するときは、副総理大臣または予め指名された大臣が、臨時にその職務を行うもの

とする。

④　前項の大臣が欠けたとき、または予めの指名がなかったときは、緊急の場合に限り、衆議院議長がこれにあたり、衆議院議長も欠けたときは、参議院議長がこれにあたる。

100

〈解説〉

(1)　一般に、ハイジャックや先の湾岸戦争など緊急事態発生の場合に、諸外国が極めて迅速な行動をとり、日頃から危機管理体制・緊急事態対処方式がよく整備されていることに感心するのに対し、日本の対応は常にもたもたしていて、世界の人々から呆《あき》れられているのがわが国の実情です。

そうした世界との乖離《かいり》は、独立国の憲法の多くが、危機管理や緊急対処規定を置いているのに対して、わが国にはそうした規定が全くないことに原因があると思われます。

人によっては、現行憲法第五十四条中に規定されている参議院の緊急集会規定で処理すればよいという人もいますが、この規定は、衆議院が解散されている場合において、緊急を要する事項につき参議院が審議することができるという規定に過ぎません。ここでいう緊急事態対処規定は、参議院も開けないような国家の緊急事態の場合であり、同じ緊急という言葉が使ってあっても、そもそもその事態の内容・程度が違うのです。

(2) 日本は、近年幸い、内乱や大きな暴動もなく平穏ですが、将来どのような事態が発生するか分かりませんし、また、そうした戦乱や大暴動ばかりではなく、かつての関東大震災のような潰滅的大地震や火山の大噴火など、天変地異が発生することも考えられ、広くそうした騒乱や大災害に備えて、日頃から危機管理体制・緊急事態対処方式を整備して置くことは必要であると考え、この条の改正案第一項に「国は、戦争・災害などの有事に備えて、危機管理体制及び緊急事態対処方式を整備しなければならない。」と明記したわけです。

(3) また、その第二項の「内閣総理大臣は、危急の場合、事前または事後に国会の承諾を得て、必要な範囲で緊急の財政処分をなすことができる。」は、前条に伴うもので、緊急事態に対処し救済するために、予備費など既定予算を超えて国家財政から支出する必要があるからです。ただし、そうした財政処分も、できれば、事前に国会の承諾を求めることとし、緊急止《や》む得ない場合に限り、事後に国会の承諾を得るものとしました。

(4) 第三項の新設規定は、行政府の長として大きな権限を持つ内閣総理大臣が、病気や暗殺や災害などで死亡した場合、本来は国会で新しい総理を指名することになっております(現行憲法第六十七条一項)が、そのいとまがなく、緊急の事態が生じて、臨時に内閣総理大臣の職務・権能を行う者が必要な場合の規定で、予め副内閣総理大臣がいればその者、いなければ予め総理大臣から指名を受けた者が、その職務を行うことを規定したものです。

わが国では過去に、大平正芳総理が病死し、副総理もいませんでしたが、ともかく、病室で伊東正義国務大臣が生前に指名を受けたということで、伊東氏が臨時に内閣総理大臣の職務を行いました。しかし、内閣総理大臣の職務・権能の重要性を考え、欠けた時には誰が代行するのか、憲法上明瞭にしておくことが望ましいと思

102

います。諸外国の多くの憲法にも、その順位が明記されているのが普通です。

(5)次の第四項の「前項の大臣が欠けた時、または予めの指名がなかったときは、緊急の場合に限り、衆議院議長がこれにあたり、衆議院議長も欠けたときは、参議院議長がこれにあたる。」という規定は、一見、行政府の長に代わり、立法府の長が出る点でおかしく思われるかもしれませんが、例えば、総理大臣はじめ国務大臣が閣議の最中、大地震で全員死亡したとか、爆弾テロで全員死亡したとかの場合が考えられますので、こうした場合は、外国でも、上院議長や下院議長を代行にあげる例が多いことに倣《なら》ったものです。

諸外国では、過去のさまざまな事例に基づいて、また、あらゆる場合を想定して、そうした規定を置いております。そうした仕組みを採っているからこそ、いざというときの危機管理体制や緊急事態対処方式がスムーズに働いているのです。

わが国では、ヨーロッパなどに比べ比較的平穏で、特に第二次大戦後は、日米安全保障体制の下、余りにも平和に慣れすぎ、危機管理意識や緊急事態対処意識がなくなっておりますが、わが国も独立国として、憲法を改正して、諸外国同様、こうした体制を整備すべきであると思います。

以上、現行日本国憲法がその第九条を中心として、独立国の体裁ではなく植民地憲法の体裁であることを解説し、また、現行第九条の欠陥を分析して、それに代わって新しく構成されるべき第九条の条項を提示しました。

さらに、それに関連して、今の憲法には、外国の憲法に比べていかに足りない部分が多いかもいろいろ説明し、新たに掲げるべきいくつかの条文も提示しました。

国民の皆様がこうした問題を認識され、一日も早く、不名誉な今の植民地憲法から脱却して、真の独立国憲法を作るべく立ち上がって下さることを、切に念願する次第であります。

日本国憲法と憲法改正運動年表

●一九四五年（昭和二〇年）

八・一五　昭和天皇の終戦の詔書により、第二次世界大戦終戦。

九・二　東京湾の米艦ミズーリ号上にて、降伏文書に調印。

一〇・四　近衛文麿公爵、第一生命相互ビルのGHQにおいてマッカーサー元帥、サザーランド参謀長、アチソン外交顧問と会談。席上マッカーサーは突然姿勢を正し、「憲法改正を行い、自由主義的要素を十分に取り入れること。婦人参政権と労働者の権利を認めること」を、強い口調で発言、近衛公爵を驚かせる。

一〇・五　GHQから発せられた「政治的・民事的・宗教的自由に対する制限撤廃の覚書」は実行不可能として、東久邇宮内閣総辞職。

一〇・八　一〇月四日のマッカーサー・近衛会談にともない、憲法改正に関するGHQの意向打診のため、近衛文麿公爵は牛場友彦秘書、高木八尺教授、松本重治氏らと共にGHQを訪問。アチソン外交顧問から、「①内閣は、公選による代議機関の助言と承認によって作られ、この代議機関に対して責任を負わなければならない、②国会の解散権は、政府が政治的コントロールの手段として用いてはならず、何らかの形の議院内閣制が、創設されなければならない、③国会の公選による院が予算を完全にコントロールする、④勅令は、国会の立法権をせばめてはならない、⑤立法事項について拒否権をもつ貴族院や枢密院のような機関は、存在してはならない、⑥市民の基本権を保障する、⑦過度の中央集権――警察制度および教育における――は、排除する、⑧国務大臣は、文民でなければならない、⑨憲法改正の方法を改める（以上の記述は、高木八尺教授のメモによる）。」という九項目の憲法改正点につき示唆を受ける。

一〇・九　幣原喜重郎内閣成立。吉田茂外相は留任。

一〇・一一　新任挨拶のためGHQを訪問した幣原首相に対し、マッカーサー元帥は五大改革、「①選挙権付与による婦人解放、②労働組合結成奨励、③より自由な教育を行うための諸学校の開設、④秘密検察及びその濫用制度撤廃、⑤経済機構民主主義化。」を声明書朗読の形によって要求する。

一〇・一三　政府は近衛文麿公爵を内大臣府御用掛に任命、さらに翌々日の一三日には憲法学者佐々木惣一博士を御用掛に任命して、帝国憲法改正の検討に着手。

一〇・二五　幣原内閣は、松本烝治国務相を主任として、憲法改正に関する研究開始を決定。

一〇・二七　松本烝治国務相を委員長とする、憲法問題調査委員会設置。

一〇・三一　憲法問題調査委員会、首相官邸会議室において第一回総会を開催。

一一・一　マッカーサー、日本政府の外交活動の全面禁止を指令。

GHQスポークスマンは、「憲法改正をめぐる近衛文麿の動きは皇室との関係にしか過ぎず、GHQは関知していない」と声明。

一一・九　鳩山一郎総裁の下に、日本自由党結成。

一一・一八　佐々木惣一博士の「帝国憲法改正の必要」が完成。内容は詳細を極め、第一章～九章に及ぶ帝国憲法改正論であった。

一一・二二　近衛文麿公爵、帝国憲法改正要綱（近衛案）を天皇に報告。

一一・二四　佐々木惣一博士が、帝国憲法改正の必要を天皇にご進講。

一二・六　GHQは、近衛文麿公爵、木戸幸一内大臣ら九人を戦争犯罪人に指名。

一二・八　松本烝治国務相、衆議院予算委員会において、天皇の統治権総攬は不変、議会の権限の拡充、天皇の大権事項の制限、国務大臣の国政全般及び議会に対する責任、臣民の権利・自由の保護とその侵害に対する国家の保障など、憲法改正の四項目の基本方針を表明。

一二・一六　近衛文麿公爵、自宅荻外荘において青酸カリによる服毒自殺。

一二・二八　高野岩三郎、馬場恒吾、森戸辰男などによる「憲法研究会」が、「憲法研究会の憲法草案要綱」を発表。二八日付新聞各紙に報道される。

●一九四六年（昭和二一年）

一・一　昭和天皇「人間宣言」の詔書発布。

一・四　GHQより公職追放指令が発表され、日本の各界は衝撃を受ける。

一・九　極東諮問委員会の代表団来日。代表団は天皇制と憲法改正に、格別の関心を持っていることが判明。

一・九　松本委員会第一〇回調査会に、「①天皇の大権の中で重要な国務にかんするものは、その行使に議会の協賛または常置委員の諮詢を必要とする、②軍の統帥をふくむ一切の国務は、国務大臣の輔弼によっておこなわれる、③国務大臣は議会（間接に国民）にたいして責任をもち、その信任を失ったときは職をはなれる、④国民の自由及び権利の保障を強化した（法律以外の制限権）。」の四点を基調とした憲法改正に関する松本私案が提示される。

一・二一　日本自由党、「天皇は統治権の総攬者」を中核とする憲法改正案を発表。

一・二四　幣原首相、GHQにマッカーサー元帥を訪問。憲法改正について正午から二時間半にわたる会談が行われ、席上幣原首相から「戦争放棄」が提議されたと、米国側から発表されている。しかし、この提案はすべてマッカーサー側からのものであったという有力な観測もあり、真相は未だに謎に包まれたままである。

一・三〇　マッカーサー元帥が極東諮問委員会代表と会見。「憲法改正については、なにが行われるにせよ、できあがった文書は日本人の作成だと、日本人に考えさせる方策をとるべきである」と語る。

二・一　毎日新聞が「憲法改正調査会の試案」をスクープ。これは当時審議中のものではなく、前年に宮沢俊義憲法問題調査会委員がまとめた試案であったが、GHQの関心を刺激し、GHQは日本政府に対し至急に政府案の提示を求める。

二・三　マッカーサー元帥はGHQ民政局に、天皇は国家元首（ザ・ヘッド・オブ・ザ・ステイト）の地位にある。戦争及び軍隊を放棄する。封建制度を廃止するという三原則に基づく日本憲法草案の作成を指示。

二・四　GHQに「日本国憲法改正草案委員会」が設置され、ホイットニー准将指揮の下に、直ちに具体的審議に入る。

（運営委員会）チャールズ・L・ケーディス大佐、アルフレッド・R・ハッシー海軍中佐、マイロ・E・ラウエル陸軍中佐、ミス・ルース・エルマン。

（立法委員会）フランク・E・ヘイズ陸軍中佐、ガイ・J・スウォープ海軍中佐、オズボン・ホージ陸軍中佐、ミス・ジェトルード・ノーマン。

（行政委員会）サイラス・H・ピーク、ジャコブ・I・ミラー、ミルトン・J・エスマン陸軍中尉。

（人権委員会）ピーター・K・ロースト陸軍中佐、ハリー・E・ワイルズ、ミス・ビート・シロタ。

（司法委員会）マイロ・E・ラウェル陸軍中佐、アルフレッド・R・ハッシー海軍中佐、ミス・マーガレット・ストーン。

（地方行政委員会）セシル・G・ティルトン陸軍少佐、ロイ・L・マルコム海軍少佐、フイリップ・O・キーニー。

（財政委員会）フランク・リゾー陸軍大尉。

（天皇・条約・授権委員会）ジョージ・A・ネルソン陸軍中尉、リチャード・A・プール海軍少尉。

（前文）アルフレッド・R・ハッシー海軍中佐。

（秘書）ミス・シャイラ・ヘイズ、ミス・エドナ・ファーガスン。

（通訳）ジョセフ・ゴードン陸軍中尉、I・ハースコウィッツ陸軍中尉。

二・八　松本烝治国務相の私案を、宮沢俊義憲法問題調査委員会委員が要綱化した草案に、さらに松本国務相が加筆した、憲法改正要綱松本私案を、GHQに正式に

提出。

二・一〇　GHQの手による日本国憲法草案完成。

二・一三　GHQは松本私案を拒否。麻布市兵衛町の外相官邸においてGHQ民政局長ホイットニー准将から、松本烝治国務相、吉田茂外相ら日本政府代表に、一一章九二条からなるGHQ草案を手渡す。その際ホイットニー准将は、「最高司令官は、私に、『この憲法をあなた方の政府と党に示し、その採用について考慮を求め、また、おのぞみなら、あなた方がこの案を、最高司令官の完全な指示を受けた案として国民に示されてもよい旨』を伝えるよう指示された」、さらに「必要な場合は、最高司令官自らこの案を日本国民に提示する用意がある」と、繰り返し強調した。また、この憲法改正草案を採用しない限り、「天皇の身体（パーソン・オブ・ジ・エンペラー）の保障をなすこと能わず」という、ホイットニー准将の発言はこの時であると記録されている。

二・一四　進歩党、天皇制護持を基調とする憲法改正要綱を決定。

二・一八　GHQを訪問した白洲次郎外務省終戦連絡事務局次長に対し、ホイットニー准

将は、「最高司令官は、日本国民は、先日、本官が手交した文書に盛られた憲法上の諸原則について判断を下す機会をもつべきだ、と確信しておられる。ゆえに、四十八時間以内に、それら諸原則が内閣によって国民に提示される通告をうけぬ限り、最高司令官は……直接（日本）国民にこの憲法（草案）を示して、きたるべき選挙戦でこの件を主要論点のひとつにされるだろう」と語り、GHQ憲法改正草案の受け入れを迫る。

二・二二　この日の閣議においてGHQ憲法改正草案の受け入れを決定。

二・二三　社会党は、「主権在国家、天皇は儀礼的代表」という憲法改正要綱を発表。

三・二　松本烝治国務相は、GHQの憲法改正草案のうち、「①二院制の採用、②皇室典範改正発議権を天皇に留保する、③憲法改正規定の削除、④前文の削除。」の四カ条について修正意見を付し、GHQに提出。しかし、GHQに拒否され、改めて両者の審議が行われることになる。

三・四　政府はGHQの趣旨に沿った憲法改正草案を、あらためてGHQに提出。

三・五　GHQ、日本政府両者による憲法改正草案が確定。

三・六　政府は「主権在民・天皇象徴・戦争放棄」を規定した憲法改正草案要綱を発表する。

三・二〇　極東委員会は、最終憲法草案に関する極東委員会の最終的審査権を留保し、新憲法の制定過程で日本の世論を尊重せよとの、マッカーサー元帥宛指令を全会一致で決定。

四・一〇　極東委員会は新憲法の採択過程に関与したいと、全会一致で要望。（六・一四、米政府は極東委員会に対し、マッカーサー元帥による四・一三付、拒否を通達）。

四・一六　幣原喜重郎首相は、「政局安定が先決、憲法改正は現内閣の手で」と記者団に語る。

四・一七　政府、日本国憲法草案正文（ひらがな口語体）を発表。

五・一三　極東委員会、新日本国憲法採択に際し「審議に十分の時間、明治憲法との完全な法的継続性、国民の自由な意志表明」の三原則を決定。

五・二二　第一次吉田内閣成立。

六・八　枢密院において憲法改正案可決。
六・一九　金森徳次郎、憲法問題専任大臣として国務相に就任。
六・二〇　憲法改正案、第九〇帝国議会に提出。
六・二一　マッカーサー元帥は極東委員会の決定に基づき、議会における憲法改正案討議の三原則に関する声明を発表。
六・二六　吉田茂首相は、衆議院において「第九条は、自衛権の発動としての戦争も交戦権も放棄したもの」と答弁。
六・二八　日本共産党は、主権在人民とする「人民共和国憲法草案」を決定。
七・二七　第九〇回帝国議会衆議院帝国憲法改正案委員小委員会の第三回会議（秘密会）において、芦田均委員長は第九条第一項の冒頭に「日本国民は正義と秩序を基調とする国際平和を誠実に希求し」と加えることと共に、第二項に「前項の目的を達するため」という字句を挿入する修正案を提出したと、いわゆる〝芦田神話〟が伝えられているが、同日の速記録には、そのような記録はない。
七・二九　帝国憲法改正案委員小委員会第四回会議において、芦田均委員長は、改正案の

表現を修正した経緯について説明、第九条の導入部として、「国際平和を誠実に希求し……というのを入れたのです。それから重要な条項である『前項の目的を達するため、陸海空軍その他の戦力は、これを保持しない』と続くのです」と発言（「」内は速記録原文）したことが、速記録に記録されている。
八・二四　衆議院において、賛成四二一、反対八の圧倒的多数により、芦田小委員会修正案を含む日本国憲法改正案を修正可決。
一〇・七　衆議院、憲法改正案の貴族院修正案に同意。日本国憲法成立。
一〇・一七　極東委員会、日本国民に新憲法の再検討の機会を与えよとの政策を決定。
一〇・二九　枢密院、日本国憲法改正案を可決。
一一・三　日本国憲法公布。（施行は昭和二二年五月三日）。

●一九四七年（昭和二二年）

一・四　前年一月四日付で出された公職追放令により、中央政・財界だけではなく、地方政界・自治体にも拡大され、追放該当者は二一万人以上に達した。

五・三　日本国憲法施行。

●一九四八年（昭和二三年）

九・二九　最高裁判所、憲法第二五条（生存権）は、国家の責務を示したもので、個々の国民に具体的権利を与えるものではないと判決。

一一・一二　GHQ民政局長ホイットニー准将は、国会の解散は憲法第九二条によってのみ行われると、片山哲社会党委員長に語る。

一一・一三　法務庁法制局は、国会の解散権は政府にありとの解釈を確定する。

●一九五〇年（昭和二五年）

一・一　マッカーサー元帥は年頭の辞で、「日本国憲法は自己防衛の権利を否定せず」と声明。

六・二五　朝鮮動乱勃発。

七・八　マッカーサー元帥は吉田茂首相宛の書簡で、国家警察予備隊（七万五千人）の創設、海上保安庁の拡充（八千人増員）を指令。

八・一〇　警察予備隊令公布。

●一九五一年（昭和二六年）

四・一三　マッカーサー元帥罷免。

九・八　サンフランシスコにおいて対日平和条約・日米安保条約調印。

●一九五二年（昭和二七年）

一・三一　吉田茂首相、衆議院予算委員会で、「一〇月には警察予備隊をきりかえ、防衛隊を新設する」と言明。

三・六　参議院予算委員会において、吉田茂首相は「自衛のための戦力は違憲にあらず」と答弁。野党側は取り消しを要求。（吉田茂首相は、三・一〇に前言訂正）。

四・二八　対日平和条約ならびに日米安保条約発効。日本占領終わる。

八・四　吉田茂首相は保安庁長官として、庁幹部に対し「新国軍の土台たれ」と訓示を行う。

●一九五三年（昭和二八年）

七・三〇　衆議院予算委員会において、吉田茂首相と芦田均衆議院議員は、保安隊の自衛

隊化をめぐって論争を展開。

九・二七　自由党吉田茂・改進党重光葵両党首が会談し、保安隊の自衛隊きりかえ、長期防衛計画で意見一致する。

一一・一九　来日中の米副大統領ニクソンは、日米協会において保安隊の増強を要請し、援助を行うと演説。

●一九五四年（昭和二九年）

一・一四　保守三党の防衛折衝で、自由党は防衛五カ年計画を提出。

一・一五　憲法擁護国民連合発会式。議長には社会党片山哲委員長が選出される。

三・八　防衛庁設置法案、自衛隊法案決定。

三・一一　右法案を国会に提出する。（五・七衆議院、六・二参議院を通過）。

三・一二　自由党憲法調査会が、岸信介会長の下に、首相官邸において発会式を挙げる。

四・七　改進党憲法調査会は、清瀬一郎を会長とし、第一回総会開催。

六・九　防衛庁設置法、自衛隊法公布。

九・一三　改進党憲法調査会、現行憲法の問題点の概要を発表。

一一・一五　自由党憲法調査会が、日本国憲法改正案要綱を発表。

●一九五五年（昭和三〇年）

三・三　米ヘンゼル国務次官補来日。大村清一防衛庁長官、一万田尚登蔵相らに、日本の防衛努力不足を指摘。

六・二七　清瀬一郎衆議院議員ほか四人が、国会に憲法調査会法案を提出するが、審議未了となる。

七・一一　民主党、自由党、緑風会の保守三派議員有志により、自主憲法期成議員同盟結成、初代会長に緑風会から広瀬久忠参議院議員就任。

八・三　自主憲法期成議員同盟臨時総会において、緒方竹虎自由党総裁は、「国民の自由なる意志の下で、現行憲法の再検討を」と題して演説を行う。

一一・一五　自由・民主両党合同して、自由民主党結成。基本政策を示す党綱領に、「現行憲法の自主的改正を図る」と明記する。

一二・一二　自民党憲法調査会発足。初代会長は山崎巌衆議院議員。初の会合において鳩山一郎首相は、「保守合同によって憲法改正のメドがおよそのところついたと思う。憲法改正は日本再建の基盤となるものであるから、各方面の反対があっても、最善の努力を傾けて実現したい」と所信表明。

一二・二〇　自民党憲法調査会は、「今後の運営等について」を議題に総会開催。

●一九五六年（昭和三一年）

一・二七　自民党憲法調査会は、「問題点の検討――前文・天皇」を議題に総会開催。

一・三一　鳩山一郎首相は参議院本会議において、「軍備を持たない現行憲法には反対」と答弁。（二・二取り消し釈明を行う）。

二・二　自民党憲法調査会は、「問題点の検討――天皇・戦争放棄」を議題に総会開催。

二・八　自民党憲法調査会は、「問題点の検討――戦争放棄・人権」を議題に総会開催。

二・一一　岸信介衆議院議員が中心となり、国会に憲法調査会法案を提出。(三・二九衆議院、五・一六参議院可決)。

二・一五　自民党憲法調査会は、「問題点の検討――国会・内閣」を議題に総会開催。

二・一八　大阪市中之島公会堂における自主憲法期成大演説会において、芦田均元総理は、「現憲法制定の経緯を明らかにし、気迫をもっての改憲を訴える」と題し演説を行う。

二・二一　自民党憲法調査会理事会開催。

二・二二　自民党憲法調査会は、「問題点の検討――司法・財政・地方自治・最高法規・憲法改正」を議題に総会開催。また、調査会に「①天皇・内閣、②国会・財政・地方自治、③国民の権利・義務・司法、④前文・戦争放棄・憲法改正・最高法規。」の四分科会を設けて検討を開始することを決定。

二・二五　自民党憲法調査会総会開催。

四・一七　自民党憲法調査会総会において、「現行憲法は占領軍に押し付けられたもので、

翻訳的文章が多く、日本弱体化政策のあらわれである。天皇の地位、戦争放棄、国民の基本的義務などの諸規定にも問題点がある。」という趣旨の中間報告が発表された。

四・二五　自民党憲法調査会主査会議開催。

六・六　自民党憲法調査会総会開催。

六・一一　憲法調査会法公布。

六・一九　自民党憲法調査会総会開催。

七・八　憲法改正が争点となった参議院選挙で、野党が三分の一の議席を獲得。

●一九五七年(昭和三二年)

四・二六　政府(岸内閣)は、参議院内閣委員会で、攻撃的核兵器の保有は違憲との統一見解発表。

七・三〇　内閣に議員、学識経験者による憲法調査会が発足。

八・六　芦田均元総理は、日本短波放送を通じ、「現行憲法はなぜ改正しなければならないか」と講演を行う。

八・一三〜一四（二日間）　憲法調査会は、社会党に予定した一〇委員を空席としたまま、第一回総会を総理大臣官邸において開催。議事に先立って、岸信介総理から挨拶が行われた。議題は「①仮議長の選出、②会長及び副会長の互選（会長高柳賢三、副会長山崎厳、矢部貞治）、③議事規則の制定、④運営委員会委員の指名、⑤日本社会党の参加要望」。

九・一九　憲法調査会は「①調査審議の進め方について、②日本社会党の参加要望。」を議題に、第二回総会を開催。

一〇・二　憲法調査会は「①日本社会党の参加要望に対する同党の回答の取り扱い、②調査審議の進め方について。」を議題に、第三回総会を開催。

一〇・一六　憲法調査会は「①衆議院帝国憲法改正案小委員会速記録を調査資料とするにつき便宜の供与を要請する件について、②日本国憲法制定の経過について（第一回）。」を議題に、第四回総会を開催。参考人として佐藤達夫氏から説明聴取を

行った。

一一・六　憲法調査会は「日本国憲法制定の経過について（第二回）」を議題に、第五回総会を開催。参考人として入江俊郎、楢橋渡両氏から説明を聴取した。

一一・二〇　憲法調査会は「①衆議院帝国憲法改正案小委員会速記録を調査資料とするにつき便宜の供与を要請する件について、②日本国憲法制定の経過について（第三回）。」を議題に、第六回総会を開催。ホイットニーＧＨＱ民政局長の見解について坂西志保委員の説明、及び参考人として白洲次郎、岸倉松両氏から説明を聴取した。

一二・四〜五（二日間）　憲法調査会は「日本国憲法制定の経過について（第四回）」を議題に、第七回総会を開催。第一日は参考人金森徳次郎氏、第二日は芦田均委員、及び参考人として安倍能成氏から説明を聴取した。

一二・一八　憲法調査会は「①日本国憲法制定の経過について（第五回）、②憲法制定の経過に関する小委員会の設置、③今後の調査の進め方について。」を議題に、第八回総会を開催。

一二・二二　自民党憲法調査会総会開催。

●一九五八年（昭和三三年）

二・五　憲法調査会は「①憲法制定の経過に対する小委員会について委員長報告、②日本国憲法制定の経過について（第六回）。」を議題に、第九回総会を開催。参考人として植原悦二郎、金森徳次郎両氏から説明を聴取した。

二・一九　憲法調査会は「①憲法制定の経過に関する小委員会についての委員長報告、②日本国憲法制定の経過について（第七回）、③今後の審議の進め方について、④衆議院帝国憲法改正案小委員会速記録を調査資料とするにつき便宜の供与を要請する件。」についてを議題に、第一〇回総会を開催。参考人として森戸辰男、宮沢俊義両氏から説明を聴取した。

三・五　憲法調査会は「①憲法制定の経過に関する小委員会についての委員長報告、②日本国憲法運用の実際について（第一回）。」を議題に、第一一回総会を開催。参

考人として真野毅氏から説明を聴取した。

三・一八　自民党憲法調査会総会開催。

三・一九　憲法調査会は「①憲法制定の経過に関する小委員会についての委員長報告、②日本国憲法運用の実際について（第二回）。」を議題に、第一二回総会を開催。参考人として島田武夫、沢田竹治郎両氏から説明を聴取した。

四・一六　憲法調査会は「①日本国憲法運用の実際について（第三回）、②憲法制定の経過に関する小委員会についての委員長報告。」を議題に、第一三回総会を開催。参考人として小野清一郎、我妻栄両氏から説明を聴取した。

七・二　自主憲法期成議員同盟は、「①役員改選、②収支決算・収支予算・事業計画の審議。」を議題に、通常総会を開催。

七・二　自主憲法期成議員同盟の第二代会長に、村上義一参議院議員（元運輸大臣）が就任。

七・二　憲法調査会は「①日本国憲法運用の実際について（第四回）、②今後の調査の進め方。」についてを議題に、第一四回総会を開催。

七・一六　憲法調査会は「①憲法制定の経過に関する小委員会についての委員長報告、②日本国憲法運用の実際について（第五回）。」を議題に、第一五回総会を開催。参考人として佐藤藤佐、岩松三郎両氏から説明を聴取した。

九・三　憲法調査会は「①憲法制定の経過に関する小委員会についての委員長報告、②日本国憲法運用の実際について（第六回）。」を議題に、第一六回総会を開催。参考人として田中耕太郎、小林俊三両氏から説明を聴取した。

九・一七　憲法調査会は「①憲法制定に関する小委員会についての委員長報告、②日本国憲法運用の実際について（第七回）。」を議題に、第一七回総会を開催。参考人として兼子一、団藤重光両氏から説明を聴取した。

一〇・一　憲法調査会は「日本国憲法運用の実際について（第八回）」を議題に、第一八回総会を開催。参考人として林修三氏から説明を聴取した。

一〇・九　岸信介首相、米NBC放送ブラウン記者のインタビューに答え、「今こそ、憲法第九条廃止の時」と言明する。（一〇・一五、夕刊各紙が報道）。

一〇・一五　憲法調査会は「①憲法制定の経過に関する小委員会についての委員長報告、②日本国憲法運用の実際について（第九回）。」を議題に、第一九回総会を開催。参考人として御手洗辰雄、池松文雄両氏から説明を聴取した。

一一・一一　憲法調査会は「日本国憲法運用の実際（第一〇回）国会制度運用について」を議題に、第二〇回総会を開催。参考人として大池真、近藤英明両氏から説明を聴取した。

一一・一九　憲法調査会は「日本国憲法運用の実際（第一一回）国会制度について」を議題に、第二一回総会を開催。参考人として黒田覚、川原次吉郎両氏から説明を聴取した。

一二・三　憲法調査会は「日本国憲法運用の実際（第一二回）国会の実際的運営に関して」を議題に、第二二回総会を開催。参考人として木下広居氏から説明を聴取した。

一二・一七　憲法調査会は「日本国憲法運用の実際（第一三回）国会制度の運用」を議題に、第二三回総会を開催。

●一九五九年（昭和三四年）

一・二一 憲法調査会は、高柳賢三会長の「海外における調査の経過についての報告」を議題に、第二四回総会を開催。

二・四 憲法調査会は「①憲法制定の経過に関する小委員会についての委員長報告、②日本国憲法運用の実際（第一四回）行政に現れた憲法問題。」を議題に、第二五回総会を開催。参考人として高辻正巳氏から説明を聴取した。

二・一八 憲法調査会は「日本国憲法運用の実際（第一五回）」を議題に、第二六回総会を開催。参考人として田中二郎氏から説明を聴取した。

三・四 憲法調査会は「日本国憲法運用の実際（第一六回）天皇に関する事項について」を議題に第二七回総会を開催。参考人として鈴木俊一、瓜生順良、須山達夫、佐藤達夫の諸氏から説明を聴取した。

三・一八 憲法調査会は「日本国憲法運用の実際（第一七回）天皇に関する事項について」

を議題に、第二八回総会を開催。

四・一五 憲法調査会は「日本国憲法運用の実際（第一八回）防衛に関する事項について」を議題に、第二九回総会を開催。参考人として加藤陽三、高辻正巳両氏から説明を聴取した。

五・六 憲法調査会は「日本国憲法運用の実際（第一九回）日米安全保障条約および行政協定について」を議題に、第三〇回総会を開催。参考人として岡崎勝男、西村熊雄の両氏から説明を聴取した。

六・一七 憲法調査会は「日本国憲法運用の実際（第二〇回）集団安全保障について」を議題に、第三一回総会を開催。参考人として田村幸策、入江啓四郎、西村熊雄の諸氏から説明を聴取した。

七・一五 憲法調査会は「日本国憲法運用の実際（第二一回）自衛権、集団的自衛権、安全保障について」を議題に、第三二回総会を開催。参考人として横田喜三郎、高野唯一の両氏から説明を聴取した。

九・一六 憲法調査会は「今後の調査・審議の進め方について」を議題に、第三三回総会を開催。

九・二〇 自民党憲法調査会会長に、福井盛太衆議院議員が就任。

一〇・七 憲法調査会は「日本国憲法運用の実際（第二二回）財政問題について」を議題に、第三四回総会を開催。参考人として河野一之、山田精一の両氏から説明を聴取した。

一〇・二一 憲法調査会は「日本国憲法運用の実際（第二三回）基本的人権に関する事項」を議題に、第三五回総会を開催。参考人として桜田武、石井照久両氏から説明を聴取した。

一一・四 憲法調査会は「日本国憲法運用の実際（第二四回）基本的人権に関する事項」を議題に、第三六回総会を開催。参考人として堀切善次郎、中山伊知郎両氏から説明を聴取した。

一一・一八 憲法調査会は「日本国憲法運用の実際（第二五回）基本的人権に関する事項」を議題に、第三七回総会を開催。参考人として牧野英一、田辺繁子両氏から説明を聴取した。

一二・二 憲法調査会は「日本国憲法運用の実際（第二六回）基本的人権に関する事項」を議題に、第三八回総会を開催。参考人として草葉隆円、岸本英夫両氏から説明を聴取した。

一二・一六 憲法調査会は「日本国憲法運用の実際（第二七回）基本的人権に関する事項」を議題に、第三九回総会を開催。参考人として黒田覚、田中和夫、植松正の諸氏から説明を聴取した。

●一九六〇年（昭和三五年）

一・二〇 憲法調査会は「日本国憲法運用の実際（第二八回）基本的人権に関する事項」を議題に、第四〇回総会を開催。参考人として花井忠氏から説明を聴取した。

二・三 憲法調査会は「日本国憲法運用の実際（第二九回）基本的人権に関する事項」を議題に、第四一回総会を開催。参考人として瀧川幸辰氏から説明を聴取した。

二・一七 憲法調査会は「日本国憲法運用の実際（第三〇回）内閣に関する事項」を議題

に、第四二回総会を開催。参考人として愛知揆一、田中栄一両氏から説明を聴取した。

三・二　憲法調査会は「日本国憲法運用の実際（第三一回）内閣」を議題に、第四三回総会を開催。

三・一六　憲法調査会は「日本国憲法運用の実際（第三二回）地方自治に関する事項」を議題に、第四四回総会を開催。参考人として田中二郎、鈴木俊一両氏から説明を聴取した。

四・六　憲法調査会は「日本国憲法無効論」を議題に、第四五回総会を開催。参考人として井上孚麿、菅原裕両氏から説明を聴取した。

五・一八　憲法調査会は「海外調査の結果について」を議題に、第四六回総会を開催。中村梅吉委員から報告が行われた。

六・三　自主憲法期成議員同盟は、「①決算報告、②事業計画・収支予算の審議、③役員改選。」を議題に、通常総会を開催。

八・一七　憲法調査会は「海外調査の結果について」を議題に、第四七回総会を開催。蠟山政道委員から報告が行われた。

一二・一二　自民党憲法調査会会長に千葉三郎衆議院議員が就任。

●一九六一年（昭和三六年）

一・一一　憲法調査会は「今後の調査・審議の進め方について」を議題に、第四八回総会を開催。

二・一五　憲法調査会は「日本国憲法運用の実際（第三三回）司法並びに最高法規に関する事項について」を議題に、第四九回総会を開催。第一委員会真野毅委員長から報告が行われた。

二・一六　自民党憲法調査会総会開催。

三・二　自民党憲法調査会は、「西独憲法の特質について」を議題に総会開催。

三・一六　自民党憲法調査会総会開催。

四・五　憲法調査会は「第一委員会、第三委員会の報告」を議題に、第五〇回総会を開催。第一委員会真野毅委員長、第三委員会高田元三郎委員長から報告が行われた。

四・六　自民党憲法調査会総会開催。

四・一四　自民党憲法調査会総会開催。

四・二〇　自民党憲法調査会総会開催。

四・二七　自民党憲法調査会は、「以太利憲法の特質について」を議題に総会開催。

五・一〇　憲法調査会は「第二委員会の報告」を議題に、第五一回総会を開催。第二委員会潮田江次委員長から報告が行われた。

五・一八　自民党憲法調査会は、「ソ連憲法の特質について」を議題に総会開催。講師は稲毛恒夫名古屋大学助教授。

五・二五　自民党憲法調査会は、「比較憲法について」を議題に総会開催。

五・三一　憲法調査会は「第二委員会の報告」を議題に、第五二回総会を開催。第二委員会潮田江次委員長から報告が行われた。

六・八　自民党憲法調査会総会開催。

六・二一　自民党憲法調査会は、「憲法制定の過程について」を議題に総会開催。講師は細川隆元氏。

六・二五　自民党憲法調査会総会開催。

七・五　自民党憲法調査会は、「広瀬憲法試案について」を議題に総会開催。講師は広瀬久忠内閣憲法調査会委員。

七・一二　憲法調査会は「第一委員会の報告」を議題に、第五三回総会を開催。第一委員会真野毅委員長から報告が行われた。

七・一九　憲法調査会は「第二委員会の報告」を議題に、第五四回総会を開催。第二委員会潮田江次委員長から報告が行われた。

七・一九　自民党憲法調査会総会開催。

七・二六　憲法調査会は「今後の調査・審議の進め方について」を議題に、第五五回総会を開催。

九・一三　憲法調査会は「日本国憲法制定についての調査結果の報告」を議題に、第五六回総会を開催。憲法制定の経過に関する小委員会細川隆元委員長から報告が行われた。

九・二〇　憲法調査会は「今後における調査・審議の進め方について」を議題に、第五七回総会を開催。

九・二七　憲法調査会は「今後における調査・審議、自由討議の進め方について」を議題に、第五八回総会を開催。

一〇・四　憲法調査会は「日本の将来のために、いかなる憲法が最もふさわしいか（第一回）」を議題に、第五九回総会を開催。広瀬久忠委員がまとめた「日本国憲法改正案」を中心に意見交換・検討が行われた。

一〇・四　自民党憲法調査会総会開催。

一〇・一一　憲法調査会は「日本の将来のために、いかなる憲法が最もふさわしいか（第二回）」を議題に、第六〇回総会を開催。

一〇・一八　憲法調査会は「日本の将来のために、いかなる憲法が最もふさわしいか（第三回）」を議題に、第六一回総会を開催。

一〇・一八　自民党憲法調査会は、「憲法改正試案について」を議題に総会開催。

一〇・二五　憲法調査会は「日本の将来のために、いかなる憲法が最もふさわしいか（第四回）を議題に、第六二回総会を開催。

一〇・三一　憲法調査会は「日本の将来のために、いかなる憲法が最もふさわしいか（第五回）」を議題に、第六三回総会を開催。

一〇・三一　自民党憲法調査会総会開催。

一一・七　自民党憲法調査会総会開催。

一一・八　憲法調査会は「日本の将来のために、いかなる憲法が最もふさわしいか（第六回）」を議題に、第六四回総会開催。

一一・一五　憲法調査会は「日本の将来のために、いかなる憲法が最もふさわしいか（第七回）」を議題に、第六五回総会を開催。

一一・一五　自民党憲法調査会総会開催。

一一・二二　憲法調査会は「日本の将来のために、いかなる憲法が最もふさわしいか（第八回）」を議題に、第六六回総会を開催。

一一・二九　憲法調査会は「日本の将来のために、いかなる憲法が最もふさわしいか（第九一二・六　憲法調査会は「今後の調査・審議の進め方について」を議題に、第六八回総会を開催。
回)」を議題に、第六七回総会を開催。

一二・一三　憲法調査会は「日本の将来のために、いかなる憲法が最もふさわしいか(第一〇回)」を議題に、第六九回総会を開催。

一二・一三　自民党憲法調査会(千葉三郎会長)は、翌三十七年の参議院選挙に、憲法改正問題を争点に掲げるよう党に提案したが、党執行部は「政府の憲法調査会(高柳賢三会長)の結論を待つ」として、慎重な態度に終始。

一二・二〇　憲法調査会は「日本の将来のために、いかなる憲法が最もふさわしいか(第一一回)」を議題に、第七〇回総会を開催。

●一九六二年(昭和三七年)

一・一二　自民党憲法調査会総会開催。

一・二四　憲法調査会は「①昭和三七年度公聴会実施について、②憲法擁護論を聞く。」を議題に、第七一回総会を開催。参考人として片山哲、吉川末次郎、北条秀一の諸氏から説明を聴取した。

二・七　憲法調査会は「①海外調査の実施計画、②総会で論議する問題点について。」を議題に、第七二回総会を開催。

二・二一　憲法調査会は「前文および第九条の改正手続きについて」を議題に、第七三回総会を開催。

二・二四　憲法調査会は「法の支配に関する原則、憲法の運用と解釈について」を議題に、第七四回総会を開催。参考人伊藤正巳、佐藤達夫両氏の説明を聴取した。

三・二〇　憲法調査会は「憲法の運用と解釈について——国会・内閣・裁判所の関係」を議題に、第七五回総会を開催。

四・四　憲法調査会は「憲法改正の限界の問題と憲法改正の手続きについて」を議題に、第七六回総会を開催。大石義雄委員の説明を聴取した。

四・一八　憲法調査会は「憲法の運用と解釈について——政党の問題」を議題に、第七七回総会を開催。

四・一八　自民党憲法調査会は、「党執行部との打ち合わせ」を議題に総会開催。

四・二六　自民党憲法調査会は、「党執行部との打ち合わせ」を議題に総会開催。

五・九　憲法調査会は「直接民主主義的諸制度の問題について」を議題に、第七八回総会を開催。

五・二三　憲法調査会は「直接民主主義的諸制度の問題について」を議題に、第七九回総会を開催。

六・六　憲法調査会は「ソ連の憲法について」を議題に、第八〇回総会を開催。参考人として鈴木安蔵、新関欽哉両氏から説明を聴取した。

六・二〇　憲法調査会は「①アメリカ、カナダにおける調査について、②首相公選制度について。」を議題に、第八一回総会を開催。高柳賢三会長の海外事情調査報告のあと、参考人として鵜飼信成氏から説明を聴取した。

七・四　憲法調査会は「第一部会中間報告——天皇について」を議題に、第八二回総会を開催。第一部会高田元三郎部会長から報告が行われた。

七・一八　憲法調査会は「第三部会中間報告——国会について」を議題に、第八三回総会を開催。第三部会潮田江次部会長から報告が行われた。

七・二二　名古屋市において開催された憲法調査会公聴会で、学生と警官隊が衝突、重軽傷者五一人を出す。

八・一〇　自主憲法期成議員同盟は、「①事業・決算報告、②事業計画・収支予算の審議、③役員改選。」を議題に、通常総会を開催。

八・三一　自民党憲法調査会会長に、愛知揆一衆議院議員が就任。

九・五　憲法調査会は「第二部会中間報告——国民の権利および義務について」を議題に、第八四回総会を開催。神川彦松委員から説明を聴取した。

九・一八　自民党憲法調査会は、「調査会の運営について」を議題に総会開催。

九・一九　憲法調査会は「内閣および国会に対する報告書の構成について」を議題に、第八五回総会を開催。

一〇・三　憲法調査会は「第九条の検討・審議」を議題に、第八六回総会を開催。

一〇・一七　憲法調査会は「現行憲法の編別および表現を改める必要がないかどうか」を議

題に、第八七回総会を開催。

一一・七　憲法調査会は「第一部会中間報告──最高法規について」を議題に、第八八回総会を開催。

一二・一二　憲法調査会は「第二部会中間報告──司法に関する諸問題」を議題に、第八九回総会を開催。

一二・五　憲法調査会は「第一部会中間報告──第九条改正に関する問題点」を議題に、第九〇回総会を開催。

一二・一九　憲法調査会は「第一部会中間報告──前文について」を議題に、第九一回総会を開催。

一二・二三　自民党憲法調査会総会開催。

一二・二六　自民党憲法調査会は、「憲法調査についての帰朝報告」を議題に総会開催。

●一九六三年（昭和三八年）

一・九　憲法調査会は「今後における調査・審議の進め方について」を議題に、第九二回総会を開催。

一・一六　憲法調査会は「憲法の編別・表現・繁簡に関する中間報告案について」を議題に、第九三回総会を開催。

一・二三　憲法調査会は「内閣および国会に対する報告書の構成概要について」を議題に、第九四回総会を開催。

一・二六　自民党憲法調査会総会開催。

一・三〇　憲法調査会は「①日本の憲法はいかなる憲法であるべきか、②現行憲法の改正に関していかなる態度をとるべきか。」を議題に、第九五回総会を開催。

二・四　自民党憲法調査会総会開催。

二・六　憲法調査会は前回に引き続き「①日本の憲法はいかなる憲法であるべきか、②

現行憲法の改正に関していかなる態度をとるべきか。」を議題に、第九六回総会を開催。

二・一一　自民党憲法調査会総会開催。

二・一三　憲法調査会は前回に引き続き「①日本の憲法はいかなる憲法であるべきか、②現行憲法の改正に関していかなる態度をとるべきか。」を議題に、第九七回総会を開催。

二・二〇　憲法調査会は前回に引き続き「①日本の憲法はいかなる憲法であるべきか、②現行憲法改正に関していかなる態度をとるべきか。」を議題に、第九八回総会を開催。

二・二五　自民党憲法調査会総会開催。

二・二七　憲法調査会は前回に引き続き「①日本の憲法はいかなる憲法であるべきか、②現行憲法の改正に関していかなる態度をとるべきか、③天皇制のあり方はいかにあるべきか。」を議題に、第九九回総会を開催。

三・四　自民党憲法調査会総会開催。

三・六　憲法調査会は「ヨーロッパにおける海外調査報告」を議題に、第一〇〇回総会を開催。真野毅委員の報告を聴取した。

三・一一　自民党憲法調査会は、「日本の自衛体制はいかにあるべきか」を議題に総会開催。講師は藤田嗣雄上智大学教授。

三・一三　憲法調査会は「天皇制の問題について」を議題に、第一〇一回総会を開催。

三・一八　憲法調査会は「①天皇制のあり方はいかにあるべきか、②日本の防衛体制はいかにあるべきか。」を議題に、第一〇二回総会を開催。

三・一九　自民党憲法調査会は、「日本の防衛体制はいかにあるべきか」を議題に総会開催。

三・二〇　憲法調査会は前回に引き続き「①天皇制のあり方はいかにあるべきか、②日本の防衛体制はいかにあるべきか。」を議題に、第一〇三回総会を開催。

三・二七　憲法調査会は前回に引き続き「①天皇制のあり方はいかにあるべきか、②日本の防衛体制はいかにあるべきか。」を議題に、第一〇四回総会を開催。

四・一　憲法調査会は「基本的人権の保障はいかにあるべきか」を議題に、第一〇五回総会を開催。

四・三　憲法調査会は「司法権の組織および権限はいかにあるべきか」を議題に、第一〇六回総会を開催。

四・一〇　憲法調査会は前回に引き続き「司法権の組織および権限はいかにあるべきか」を議題に、第一〇七回総会を開催。

四・一七　憲法調査会は「政治の基本機構はいかにあるべきか」を議題に、第一〇八回総会を開催。

四・二三　憲法調査会は「地方政治のあり方はいかにあるべきか」を議題に、第一〇九回総会を開催。

四・二四　憲法調査会は「政治機構の基礎にあるものとして政党および選挙について憲法はいかなる態度をとるべきか」を議題に、第一一〇回総会を開催。

五・一　憲法調査会は前回に引き続き「政治機構の基礎にあるものとして政党および選挙について憲法はいかなる態度をとるべきか」を議題に、第一一一回総会を開催。

五・八　憲法調査会は前回に引き続き「政治機構の基礎にあるものとして政党および選挙について憲法はいかなる態度をとるべきか」を議題に、第一一二回総会を開催。

五・一六　自民党憲法調査会は、「内閣憲法調査会審議の中間報告その他」を議題に総会開催。

五・二三　憲法調査会は「内閣および国会に対する報告書の構成概要」を議題に、第一一三回総会を開催。

六・一九　憲法調査会は「現行憲法の一般的問題について」を議題に、第一一四回総会を開催。

六・二六　憲法調査会は前回に引き続き「現行憲法の一般的問題について」を議題に、第一一五回総会を開催。

七・九　自主憲法期成議員同盟は、「①事業・決算報告、②事業計画・収支予算の審議、③役員改選。」を議題に通常総会を開催。

七・二四　憲法調査会は「各部会中間報告について」を議題に、第一一六回総会を開催。

七・三一　憲法調査会は「憲法再検討における基本的問題に関する報告書案の審議」を議題に、第一一七回総会を開催。

八・三一　自民党憲法調査会会長に、野田卯一参議院議員が就任。

九・四　八木秀次、愛知揆一氏ら憲法調査会の一八委員が、自主憲法制定を強調した意見書「憲法改正の方向」を会長宛に提出。

九・一一　憲法調査会は前回に引き続き「憲法再検討における基本的問題に関する報告書案の審議」を議題に、第一一八回総会を開催。

九・一二　自民党憲法調査会は、「今後の運営について」を議題に総会開催。

九・一六　憲法調査会は「第三部会報告――国会について」を議題に、第一一九回総会を開催。

一〇・八　自主憲法期成議員同盟は、自民党憲法調査会と「憲法問題」につき懇談会を開催。

一〇・九　憲法調査会は前回に引き続き「第三部会報告――国会について」を議題に、第一二〇回総会を開催。

一〇・一六　憲法調査会は「憲法調査会報告書案について」を議題に、第一二一回総会を開催。

●一九六四年（昭和三九年）

一・一六　憲法調査会は「憲法調査会報告書案について」を議題に、第一二二回総会を開催。

一・三〇　自民党憲法調査会総会開催。

二・七　自民党憲法調査会は、「衆参両院婦人議員との懇談」を議題に総会開催。

二・一九　自民党憲法調査会総会開催。

二・二七　自民党憲法調査会総会開催。

三・四　憲法調査会は「憲法調査会報告書案について」を議題に、第一二三回総会を開催。

三・一八　憲法調査会は前回に引き続き「憲法調査会報告書案について」を議題に、第一三・二五　憲法調査会は前回に引き続き「憲法調査会報告書案について」を議題に、第一二四回総会を開催。
四・一六　憲法調査会は「最終報告書第五編について」を議題に、第一二五回総会を開催。
四・二四　自民党憲法調査会は、「憲法の制定過程について」を議題に総会開催。
五・二一　憲法調査会は「最終報告書――付属文書について」を議題に、第一二七回総会を開催。
六・四　憲法調査会は「最終報告書について」を議題に、第一二八回総会を開催。
六・一〇　憲法調査会は「憲法調査会における各委員の意見（付属文書）案について」を議題に、第一二九回総会を開催。
六・一七　憲法調査会は「報告書の追加、修正箇所について」を議題に、第一三〇回総会を開催。
六・二七　自民党憲法調査会は、「今後の取り扱いについて」を議題に総会開催。
七・三　憲法調査会は、第一三一回総会において、七年間の審議に基づく最終報告書をまとめ、この日、池田勇人総理大臣に提出。
七・三〇　自主憲法期成議員同盟は、「①事業・決算報告、②事業計画・収支予算の審議、③役員改選。」を議題に、通常総会を開催。
八・二一　自民党憲法調査会会長に、清瀬一郎衆議院議員が就任。
一〇・七　自民党憲法調査会正副会長会議開催。
一〇・二八　自民党憲法調査会総会開催。政府の憲法調査会の報告がまとまったのに伴い、改憲の内容につき具体的な検討を始めることを決定。

●一九六五年（昭和四〇年）

五・一二　自民党憲法調査会総会開催。
六・七　自民党憲法調査会総会開催。

●一九六六年（昭和四一年）

一〇・七　自民党憲法調査会会長に、稲葉修衆議院議員が就任。
一〇・二一　自民党憲法調査会正副会長会議開催。
一〇・二七　自民党憲法調査会総会開催。
一一・八　自民党憲法調査会総会開催。

●一九六七年（昭和四二年）

八・七　自主憲法期成議員同盟は、「①事業・決算報告、②事業計画・収支予算の審議、③役員改選。」を議題に、通常総会を開催。

●一九六八年（昭和四三年）

一・一一　倉石忠雄農林大臣が、「こんなばかばかしい憲法を持っている日本は、妾のようなものである」と発言して、一カ月後に辞任する。
三・二八　自民党憲法調査会は、「靖国神社法案について」を議題に総会開催。
四・一二　自民党憲法調査会は、「靖国神社法案について」を議題に総会開催。
四・一七　自民党憲法調査会は、「靖国神社法案について」を議題に総会開催。
四・二五　自民党憲法調査会は、「靖国神社法案について」を議題に総会開催。
五・七　自民党憲法調査会は、「靖国神社法案について」を議題に総会開催。

●一九六九年（昭和四四年）

一・三一　自民党憲法調査会正副会長会議開催。

二・八　自民党憲法調査会は、「①靖国神社法案について、②私学に対する国庫補助について、③その他。」を議題に総会開催。
二・一四　自民党憲法調査会は、「靖国神社法案について」を議題に総会開催。
二・二五　自民党憲法調査会は、「靖国神社法案について」を議題に総会開催。
三・一二　自民党憲法調査会は、「当面の問題について」を議題に総会開催。
三・二六　自主憲法期成議員同盟は、「①資金問題について、②自民党憲法調査会の現況と本団体への要望事項、③新団体（自主憲法制定国民会議）発足について。」を議題に、臨時総会を開催。
五・三　日本武道館に一万八千余名を集め、第一回自主憲法制定国民大会が開催される。記念講演は、政治評論家細川隆元、宗教家谷口雅春の両氏。
五・二三　自主憲法期成議員同盟は、「第一回自主憲法制定国民大会の報告・反省」を議題に、臨時総会を開催。
七・一　自主憲法期成議員同盟第三代会長として、岸信介元総理が就任。
七・三一　自民党憲法調査会は、「当面の問題について」を議題に総会開催。

九・二四　自民党憲法調査会は、「憲法の問題点について」を議題に総会開催。
九・三〇　自主憲法期成議員同盟は、改憲資料として『日本国憲法改正の提唱——村上義一氏の意見の収録』を刊行。

●一九七〇年（昭和四五年）

二・一　自主憲法制定国民会議会長に、岸信介元総理が就任。
二・一六　自主憲法期成議員同盟総会開催。
二・一七　自民党憲法調査会は、「沖縄の国政参加と憲法上の問題」を議題に総会開催。
二・二〇　自民党憲法調査会沖縄問題委員会・法務部合同会議開催。
三・四　自民党憲法調査会総会開催。
三・一八　自民党憲法調査会は、「沖縄の国政参加について」を議題に総会開催。
三・二五　自民党憲法調査会は、「沖縄の国政参加について」を議題に総会開催。
三・二七　自民党憲法調査会は、「沖縄の国政参加について」を議題に総会開催。

四・二五　自主憲法期成議員同盟総会開催。

五・三　第二回自主憲法制定国民大会が日本武道館において開催される。岸信介会長挨拶。記念講演は全日本婦人連盟会長山岸信子、生長の家総裁谷口雅春の両氏。

●一九七一年（昭和四六年）

二・二三　自主憲法期成議員同盟は、「①自主憲法制定に関する部会設置、②第三回自主憲法制定国民大会開催の件。」を議題に総会を開催。

二・二三　自主憲法制定国民会議理事長に、植竹春彦元郵政相就任。

二・二三　自民党憲法調査会は、「①前文、天皇、最高法規、改正手続等、②安全保障、③国民の権利と義務及び司法、④国会及び内閣、⑤地方自治及び財政。」の五つの分科会をもって構成される憲法改正要綱作成委員会を設け、憲法全文にわたり再検討を行うことを議題に総会開催。

三・一五　自主憲法制定国民会議は、「第三回自主憲法制定国民大会開催の件」を議題に理

事会を開催。

三・三一　自主憲法制定国民会議は、第三回自主憲法制定国民大会実行委員会を開催。

五・三　第三回自主憲法制定国民大会が、神田共立講堂において開催される。岸信介会長挨拶。記念講演は政治評論家細川隆元氏が行った。

五・一四　自民党憲法調査会は講師に井手成三氏を招き、総会において「フリートーキング」を行う。

五・二四　自主憲法制定国民会議は、「第三回自主憲法制定国民大会の反省と、今後の活動方針」を議題に、定例幹部総会を開催。

六・一六　佐藤栄作首相は徴兵制採用については否定しながらも、「もう少し気のきいた憲法を考えるべきだ」と発言。

七・五　自主憲法制定国民会議は、「参議院選挙と憲法問題の動向」を議題に、定例幹部総会を開催。

八・二　自主憲法制定国民会議は、「活動経過報告」を議題に、定例幹部総会を開催。

九・六　自主憲法制定国民会議は、「今後の活動対策」を議題に、定例幹部総会を開催。

一〇・一四　自主憲法制定国民会議は、「第四回自主憲法制定国民大会開催の件」を議題に、定例幹部総会を開催。
一〇・一八　自民党憲法調査会は、「今後の運営について」を議題に総会開催。
一〇・二〇　自民党憲法調査会総会開催。
一二・二三　自主憲法制定国民会議は、定例幹部総会を開催、「憲法に関する諸問題」と題する田中忠雄駒沢大学講師のレクチュアを聴取した。

●一九七二年（昭和四七年）

二・二三　自主憲法制定国民会議は、第四回自主憲法制定国民大会実行委員会を開催。
三・六　自主憲法制定国民会議は、「第四回自主憲法制定国民大会実施の件」を議題に、定例幹部総会を開催。あわせて、三潴信吾高崎経済大学教授の憲法問題に関する講話が行われた。
三・二四　自主憲法制定国民会議は、第四回自主憲法制定国民大会実行委員会を開催。

五・三　第四回自主憲法制定国民大会（憲法のつどい）が日本武道館において開催される。岸信介会長の挨拶、植竹春彦自主憲法制定国民会議理事長の経過報告のあと、自民党憲法調査会稲葉修会長から「調査会報告」が行われた。その他、作曲家黛敏郎氏による「講演と音楽会」が行われ、大会終了後、自主憲法制定推進の街頭行進が九段坂→日比谷公園にかけて実施され、十五梃団に分かれて行進した。
五・一六　自主憲法制定国民会議は、「第四回自主憲法制定国民大会の反省」を議題に、定例幹部総会を開催。
六・一四　自民党憲法調査会正副会長会議開催。
七・一　自民党憲法調査会（稲葉修会長）は、「①天皇の地位を日本国の『代表』とする、②戦争放棄の規定は残すが、自衛力保持を明記する、③個人の権利を尊重する反面、社会連帯、公共の福祉の理念を強める、④世界連邦の建設という目標を掲げる。」の四項目を柱とした憲法改正大綱草案を発表、自民党内にも配布した。

七・一四　自主憲法制定国民会議は、「憲法に対する見解」を議題に、定例幹部総会を開催。

七・一八　自民党憲法調査会会長に、中村梅吉衆議院議員が就任。

九・四　自主憲法制定国民会議は、「自主憲法に対する見解」を議題に、定例幹部総会を開催。

一〇・一　自民党憲法調査会は、憲法関係資料として、『憲法改正大綱草案（試案）——憲法改正の必要とその方向——』を作成配布。

一〇・二　自主憲法制定国民会議は、「自主憲法に対する見解」を議題に、定例幹部総会を開催。

一〇・六　自民党憲法調査会は、「当面の問題について」を議題に総会開催。

一一・六　自主憲法制定国民会議は、「自主憲法制定のための具体的運動について」を議題に、定例幹部総会を開催。

一二・一三　自主憲法制定国民会議は、「今年の反省と、今後の運動方針」を議題に、定例幹部総会を開催。

●一九七三年（昭和四八年）

一・八　自民党憲法調査会会長に、稲葉修衆議院議員が就任。

四・二四　自民党憲法調査会は、「当面の問題について」を議題に総会開催。

五・三　第五回自主憲法制定国民大会が日本武道館において開催される。岸信介会長の挨拶、植竹春彦自主憲法制定国民会議理事長の経過報告が行われ、稲葉修自民党憲法調査会会長の「調査会報告」などのあと、黛敏郎氏構成・指揮によるカンタータ（交声曲）「憲法はなぜ改正されねばならないか」が演奏された。

九・七　長沼ナイキ基地訴訟判決において、「自衛隊は違憲」との判決が下り、自民党内の青嵐会などから、「憲法を改正して自衛隊の存在をはっきりさせるべきである」という論議が高まる。

九・二〇　自民党憲法調査会は、「憲法第九条について」を議題に総会開催。

九・二五　自民党憲法調査会は、「憲法と地方公務員法第三十七条について」を議題に総会

一二・四　自民党憲法調査会会長に、小島徹三衆議院議員が就任。
開催。

●一九七四年（昭和四九年）

二・四　自主憲法制定国民会議は、定例幹部総会を開催。
二・一五　自主憲法制定国民会議は、「第六回自主憲法制定国民大会決定事項について」を議題に、臨時幹部総会を開催。
三・四　自主憲法制定国民会議は、「自主憲法制定国民会議綱領について」を議題に、定例幹部総会を開催。
四・二　自主憲法制定国民会議は、「中央委員会各委員長による事業計画発表」を議題に、定例幹部総会を開催。
四・一五　自主憲法制定国民会議広報部は、「自主憲叢書」として『漫画の憲法』を刊行。
四・二三　自主憲法制定国民会議は、定例総会を開催。

五・三　第六回自主憲法制定国民大会（憲法のつどい）が、明治神宮会館において開催される。岸信介会長の挨拶、植竹春彦自主憲法制定国民会議理事長の経過報告が行われたあと、自民党憲法調査会小島徹三会長から「調査会報告」、奥州大学玉沢徳一郎助教授から「活動発表と経過報告」が行われた。恒例となった街頭行進のコースは、明治神宮会館→渋谷駅→青山二丁目→明治公園。参加団体も七八の多きを数えた。
六・一二　自主憲法制定国民会議は、「参議院選挙をひかえて」を議題に、定例幹部総会を開催。
九・三　自主憲法制定国民会議は、定例幹部総会を開催。
一〇・一　自主憲法制定国民会議は、改憲資料として『日本国憲法はどのようにして作られたか』を刊行。
一〇・一四　自主憲法制定国民会議は、定例総会を開催。「自主憲法制定を全国遊説して」と題する源田実参議院議員の講話が行われた。
一二・一〇　自主憲法制定国民会議は、「来年の展望について」を議題に、定例幹部総会を開催。

●一九七五年（昭和五〇年）

五・三　稲葉修法相が自主憲法制定国民会議総会に、現職法務大臣として出席したことが国会で問題となる。自民党青嵐会は「改憲が党是であるから、稲葉法相の言動は正しい」と、弱腰の党執行部を追及したが、結局三木武夫首相と稲葉修法相が遺憾の意を表明して事態を収拾した。

一〇・一一　自主憲法制定国民会議は、自主憲法制定運動促進のための研修会を自民党本部において開催。講師は、林金莖亜東関係協会東京辨事処副代表、倉前義男亜細亜大学講師の両氏がつとめた。

一一・一五　党改革のための「政綱」改正に関連し、改憲問題にどの程度のウエイトを置くかで党内の議論が分かれ、改憲積極論者の中尾栄一氏、慎重論者の河野洋平、山口敏夫氏らが会談の結果、「現行憲法の自主的改正」を評価するとともに、「国民の合意を得て、現行憲法を再検討する」という表現で妥協した。

●一九七六年（昭和五一年）

五・三　第七回自主憲法制定国民大会が、明治神宮会館で開催される。岸信介会長の挨拶、植竹春彦自主憲法制定国民会議理事長の経過報告のあと、中川一郎、源田実、玉置和郎各衆参議院議員から「激励の言葉」があり、三潴信吾高崎経済大学教授から「祝辞」が寄せられた。街頭行進のコースは、明治神宮北口→千駄ケ谷→角筈一丁目→西大久保→鬼王通り。

五・三　三木内閣が、二十四年ぶりに政府主催の「憲法記念日記念式典」を開く。

五・三一　自主憲法制定国民会議は、定例幹部総会を開催。

七・五　自主憲法制定国民会議は、定例幹部総会を開催。

八・五　自主憲法制定国民会議は、定例幹部総会を開催。

九・一〇　自主憲法制定国民会議は、定例幹部総会を開催。

一〇・一　自主憲法制定国民会議は、臨時幹部総会を開催。
一〇・七　自主憲法制定国民会議は、定例幹部総会を開催。
一一・四　自主憲法制定国民会議は、定例幹部総会を開催。

●一九七七年（昭和五二年）

二・一　自民党憲法調査会会長に、稲葉修衆議院議員が就任。
二・二三　自主憲法制定国民会議は、定例幹部総会を開催。
三・一　自主憲法期成議員同盟は、「第八回自主憲法制定国民大会について」を議題に、総会を開催。
三・二三　自主憲法制定国民会議は、定例幹部総会を開催。
四・一四　自主憲法期成議員同盟は、「五月の国民大会の件」を議題に、自主憲法制定国民会議と合同会議を開催。
五・三　第八回自主憲法制定国民大会が、明治神宮参集殿で開催される。岸信介会長の挨拶、植竹春彦自主憲法制定国民会議理事長の経過報告が行われ、稲葉修自民党憲法調査会会長、中川一郎自民党国民運動本部長、源田実自民党国防部会長から、それぞれ「激励の言葉」、幣原道太郎独協大学教授から、「推進の言葉」が寄せられた。つづいて第二部として、「①なぜ憲法を改めねばならないか、②いかに自主憲法運動を推進するか。」の問題提起を踏まえシンポジウム。パネリストは鈴木博雄筑波大学教授、外交評論家加瀬英明、政治評論家佐々木盛雄その他の諸氏。シンポジウムのあと、参会者も加わり「自由討論」が行われた。
五・二四　自主憲法期成議員同盟は、「五月大会の反省」を議題に、自主憲法制定国民会議と合同会議を開催。
七・二九　自主憲法期成議員同盟は、「参議院選挙を終えて」を議題に、自主憲法制定国民会議と合同会議を開催。
一〇・二二　自主憲法期成議員同盟は、「一一月三日の大会の件」を議題に、自主憲法制定国民会議と合同会議を開催。
一一・三　自主憲法制定国民会議は、改憲資料として法学博士ジョージ・ランボーン・ウエスト著・幣原道太郎前独協大学教授訳の、『強制された〝憲法〟』を発刊。

一一・一〇 福田赳夫首相が、「憲法は改正すべきだと思うが、今は適当な時期ではない。やるとなると大変な消耗になる」と発言。

一二・一三 自主憲法制定国民会議は、世話人会を開催。

●一九七八年（昭和五三年）

一・三一 自主憲法制定国民会議は、「自主憲新聞の件・その他」を議題に、世話人会を開催。

三・二九 自主憲法期成議員同盟は、「五二年度事業報告、五三年度事業計画」を議題に、総会を開催。

三・二九 自主憲法制定国民会議は、定例幹部総会を開催。

四・一 自民党総裁選挙を前に、中曾根康弘総務会長は各地の講演会において、「自衛隊に交戦権を認めるよう、第九条を改正せよ」と強調する。

五・三 第九回自主憲法制定国民大会が、自主憲法制定石川県民会議との共催で、金沢市観光会館において開催される。岸信介大会会長が挨拶のあと、植竹春彦自主憲法制定国民会議理事長、松本由石川県民会議議長らが登壇。記念講演の講師は、政治評論家佐々木盛雄、林朝門金沢大学教授の両氏。大会終了後、金沢市街メインストリートを約一時間にわたって行進、自主憲法制定を市民に訴えた。

五・一七 自主憲法期成議員同盟は、「第九回自主憲法制定国民大会の報告」を議題に、自主憲法制定国民会議と合同総会を開催。

七・一九 栗栖弘臣統合幕僚会議議長が、記者会見において「緊急時には自衛隊の超法規的行動も有り得る」と発言した旨、『週刊ポスト』が報道。栗栖弘臣統合幕僚会議議長は、その報道を事実として認めた。

七・二八 金丸信防衛庁長官は、文民統制に反するとして、栗栖弘臣統合幕僚会議議長を更迭。

一〇・五 自主憲法制定国民会議は、世話人会を開催。

一二・六 自主憲法期成議員同盟は、「本年度の事業報告」を議題に、自主憲法制定国民会議と合同総会を開催。

●一九七九年（昭和五四年）

一・二〇　自主憲法期成議員同盟・自主憲法制定国民会議事務局長に、清原淳平氏就任。

四・一六　自主憲法期成議員同盟は、「五三年度決算・事業報告」を議題に、自主憲法制定国民会議と合同総会を開催。

五・三　第一〇回自主憲法制定国民大会が、明治神宮参集殿において開催される。岸信介会長の挨拶、植竹春彦自主憲法制定国民会議理事長の経過報告が行われ、つづいて自民党代表塩川正十郎国民運動筆頭副本部長、中尾栄一自主憲法期成議員同盟代表、文化人代表相原良一憲法学会常務理事、女性代表吹田真美、学生代表佐藤和彦の諸氏から「推進の言葉」が寄せられた。記念講演は作曲家黛敏郎、源田実参議院議員の両氏。

六・九　新しい国造りのための自主憲法研究会再開のため、打ち合わせ会が行われた。

六・二一　自主憲法制定国民会議総会が自由民主党本部において開催された。議題は「①第一〇回自主憲法制定国民大会の反省、②自主憲法制定運動の今後の進め方、③組織の強化と資金対策について」。

七・一四　第一回自主憲法研究会が、竹花光範駒沢大学助教授を講師に開かれた。テーマは「憲法とは何か、その役割」。解説のあと、出席者全員による意見の交換が行われた。

八・二三　第二回自主憲法研究会開催。テーマは「憲法改正はなぜ必要なのか」。竹花光範駒沢大学助教授が解説・司会。

一〇・二六　第三回自主憲法研究会では、「日本国憲法成立の経緯と法理（その有効・無効論）」と題する竹花光範駒沢大学助教授の解説のあと、意見交換が行われた。

一一・九　第四回自主憲法研究会開催。「現日本国憲法にはいかなる問題点があるか」と題し、竹花光範駒沢大学助教授の各問題点の解説のあと、質疑、意見交換などを行った。

一二・七　第五回自主憲法研究会が開かれ、「現憲法の象徴天皇制にはいかなる問題があるか」につき、竹花光範駒沢大学助教授の解説のあと、「第一章はいかに改められるべきか」につき討議が行われた。

●一九八〇年（昭和五五年）

一・二五　第六回自主憲法研究会が開催され、「現憲法の戦争放棄規定にはいかなる問題があるか」につき、竹花光範駒沢大学助教授の解説のあと、「第九条はいかに改められるべきか」について討論が行われた。

一・三一　自主憲法制定国民会議総会が自由民主党本部において開催された。議題は「①本年五月三日の大会を名古屋で開催する案について、②大会実行委員会メンバーの構成、③役員の人選問題、④今後の活動方針、⑤その他、関連事項」。

二・二〇　自主憲法期成議員同盟は、「役員選任の件、その他」を議題に、総会を開催。

二・二二　第七回自主憲法研究会は、「非常事態に対処する規定が存在しない日本国憲法」をテーマに、竹花光範駒沢大学助教授の解説があり、「有事に対応するために、憲法にはいかなる規定が必要か」の研究討論が行われた。

三・二八　第八回自主憲法研究会開催。「第三章の基本的人権規定にはいかなる問題点があるか」というテーマを取り上げ、その第一回として、「個人の尊重と公共の福祉とのかね合いについて」竹花光範駒沢大学助教授の解説のあと、この問題についての意見交換が行われた。

四・一八　自主憲法期成議員同盟は、理事委嘱のための懇談会を開催。

四・二三　第九回自主憲法研究会は、前回に引き続き「第三章の基本的人権にはいかなる問題点があるか」につき、竹花光範駒沢大学助教授の解説のあと、「権利規定を見直し、これをどう改めるか」について研究討論が行われた。

五・三　第一一回自主憲法制定国民大会が、明治神宮会館において開催される。岸信介会長の挨拶、植竹春彦自主憲法制定国民会議理事長の運動方針、自民党代表大野明副幹事長の「推進の言葉」のあと、地方代表として志村真次郎東京都立川市議会議長、近藤伝六愛知県民会議議長、漆沢信男宮崎県門川町代表の諸氏から、「推進の言葉」が寄せられた。引きつづき第二部として、第五回大会の模様を記録した映画「急げ！　自主憲法」を上映。政治評論家細川隆一郎氏が記念講演を行った。

五・二八　第一〇回自主憲法研究会は、「第三章の基本的人権規定にはいかなる問題点があるか」の最終回として、竹花光範駒沢大学助教授の解説のあと、「各種義務規定を見直し、いかなる規定を設けるか」についての討議が行われた。

六・二二　衆参両議院の同日選挙で自民党大勝。

七・二三　第一一回自主憲法研究会は、「第四章の国会の規定には、いかなる問題点があるか」を竹花光範駒沢大学助教授が解説。「国会の役割と両院制のあり方」について、出席者全員による討論、意見交換が行われた。

八・一二　憲法改正問題についての自主憲法期成議員同盟・自主憲法制定国民会議（以下「自主憲」と呼称する）より論拠資料第一号『現憲法を改める必要性についての一般状況』を作成配布。

八・二一　「自主憲」より憲法改正問題についての論拠資料第二号『現憲法のいかなる点に欠陥があるか』を作成配布。

八・二七　櫻内義雄自民党幹事長が、外部の講演会で「与野党間で合意に達した条項から、改憲していけばよい」と発言。また、奥野誠亮法相も衆議院法務委員会において、「国民の間から自主憲法制定の論議が出ることは望ましい」と答弁を行い、野党が一斉に反発。一部のジャーナリズムもこれを不当に論難する。

九・五　「自主憲」より憲法改正についての論拠資料第三号『政府・閣僚は法理上、改憲論議をなしうる』を作成配布。

九・九　自民党憲法調査会会長に、瀬戸山三男衆議院議員が就任。

九・二四　第一二回自主憲法研究会は、奥野誠亮法相発言問題につき、「国務大臣の改憲発言は何ら違法でなく、憲法上正当な発言である」を主題に意見交換を行い、奥野誠亮法相発言は「むしろ評価されるべきである」という結論に達した。

九・二四　自民党憲法調査会正副会長会議を開催。

九・二五　自主憲法期成議員同盟は、「役員人事の確認あるいはその拡大ならびに役割分担」などを議題に、総会を開催。

九・二五　自主憲法期成議員同盟は、「奥野誠亮法相擁護と立党の精神たる改憲刷新運動の九・三〇　推進を」と題する文書を作成、岸信介会長名で広く配布する。
自主憲法制定国民会議は、「奥野誠亮法相発言の正当性を擁護する」声明を発表。

一〇・六　臨時国会において憲法論議が活発化したが、鈴木善幸首相は「鈴木内閣は三分の二の議席をとっても改憲しない」と答弁。この時期に、党内に「憲法について考える会」が発足。自民党憲法調査会（瀬戸山三男会長）も活動を再開した。

一〇・九　自主憲法期成議員同盟・自主憲法制定国民会議は、自由民主党本部大ホールにおいて、他団体と協力して「奥野憲法発言を支持する国民集会」を開催。

一〇・一三　自民党憲法調査会は、「今後の運営等について」を議題に総会開催。三年を目標として、改憲実現に向け論議を開始した。

一〇・二三　「自主憲」より憲法改正についての論拠資料第四号『臨時国会での政府・野党間の応酬についての結果分析』を作成配布。

一〇・二三　第一三回自主憲法研究会は、「第四章の国会の規定には、いかなる問題点があるか」につき、竹花光範駒沢大学助教授の解説のあと、「二院制の欠陥とその是正

一〇・二五　策」を討論、意見の交換を行った。
「自主憲」より憲法改正問題についての論拠資料第五号『改憲作業を進めるについての方法論』を作成配布。

一〇・二七　自民党憲法調査会は、「委員による意見開陳」を議題に総会開催。

一一・四　朝日新聞は憲法問題に対する自民党全議員のアンケート（面接調査）を実施。その結果は（積極改憲派六四、漸進改憲派九九、非改憲派五八）となる。

一一・四　森清衆議院議員は「憲法第九条の解釈に関する質問主意書」及び「連合国によるわが国の管理と日本国憲法制定の経過に関する質問主意書」を、福田一衆議院議長経由政府に提出。

一一・八　「自主憲」より憲法改正問題についての論拠資料第六号『現憲法に二八か所に亘る誤りあり』を作成配布。

一一・一〇　自民党憲法調査会は総会を開催し、元早稲田大学政経学部教授吉村正氏より意見を聴取。

一一・一四　「自主憲」より憲法改正問題についての論拠資料第七号「大学生は憲法改正に

現実的認識を持ち始めている』を作成配布。

一一・一九　第一四回自主憲法研究会は、前回に引き続き「第四章　国会の規定には、いかなる問題点があるか」につき、「両院合同会制の導入、不信任権の濫用防止、任期等に関する諸問題」を取り上げ、竹花光範駒沢大学助教授の解説のあと、出席者による意見交換が行われた。

一一・二五　自民党憲法調査会は、「日本国憲法の考え方について」を議題に総会を開催し、文芸評論家江藤淳氏の意見を聴取。

一一・二七　森清衆議院議員は、「帝国憲法改正案小委員会の議事録の公開についての上申書」を、福田一衆議院議長経由政府に提出する。

一一・二七　「自主憲」より憲法改正問題についての論拠資料第八号『現憲法には今の学校教育から見て一〇〇以上もの用語の誤りあり』(国文学・国語学者の新居田正徳氏の調べによる)を作成配布。

一二・八　自民党憲法調査会は総会を開催し、小林昭三早稲田大学政経学部教授から意見を聴取。

一二・一七　第一五回自主憲法研究会は、現行憲法制定時の議事録公開を求めた森清衆議院議員の、政府への質問状に対する「政府答弁書」についての疑問点が論議され、出席者の意見交換が行われた。

一二・一九　自由民主党は、櫻内義雄幹事長、安倍晋太郎政務調査会会長、瀬戸山三男憲法調査会会長の連名で、都道府県支部連合会に対し、地方議会における憲法問題等の決議、意見書の採択に際し、野党の主張に基づくものの採択をしないようにとの趣旨の文書を配布。

一二・二〇　自主憲法制定国民会議総会が開かれ、自主憲法期成議員同盟に関する報告、来年度国民大会の準備状況、今後の活動方針などが検討された。

●一九八一年（昭和五六年）

一・二二　第一六回自主憲法研究会は、「現憲法の内閣制度には、いかなる問題があるか(第五章)」につき、竹花光範駒沢大学助教授の解説があり、いかに改められるべきかについて、意見の交換が行われた。

一・二六 「自主憲」より憲法改正問題についての論拠資料第九号『世界各国は戦後三五年間に頻繁に憲法を修改正している』を作成配布。

二・一 竹田五郎自衛隊統幕議長は、雑誌『宝石』三月号で「徴兵制を違憲とする政府統一見解の論拠」に対し、いざという場合、命を捨てて国を守るべき崇高な任務についている自衛隊の使命感という見地から、自衛隊が任務に従うことが、苦役で奴隷的服従を強いることであるかのように一般国民に印象され、ひいては自衛隊の士気に影響することをおそれるとの発言、及び専守防衛はむつかしいとの発言が、国会で問題化する。

二・二 社会党は衆議院予算委員会で、文民統制に背くとして竹田五郎統幕議長の罷免を要求。（二・四、注意処分となる）。

二・三 「自主憲」より憲法改正問題についての論拠資料第一〇号『第九条戦争放棄規定についての改正の論拠（清原淳平事務局長見解）』を作成配布。

二・五 「自主憲」より憲法改正問題についての論拠資料第一一号『平常時にこそ憲法

改正作業を——竹田統幕議長発言に思う』を作成配布。

二・六 自主憲法期成議員同盟は、役員懇談会を開催。

二・九 自民党憲法調査会は総会を開催し、橋本公亘中央大学法学部教授より、日本国憲法についての意見聴取。

二・一〇 「自主憲」より憲法改正問題についての論拠資料第一二号『国民に認知されていない現日本国憲法』を作成配布。

二・二〇 「自主憲」より憲法改正問題についての論拠資料第一三号『改憲論議について、まず文明国並のルールの確立を』を作成配布。

二・二三 自民党憲法調査会は総会を開催し、元早稲田大学政経学部教授大西邦敏氏より、日本国憲法についての意見聴取。

二・二五 第一七回自主憲法研究会は、「民社党提案の国会での自衛隊合憲決議は、憲法学上是か非か」、「自衛隊は苦役か——憲法一八条を徴兵制違憲の根拠とする是非」について、竹花光範駒沢大学助教授の解説のあと、出席者による意見の交換が行われた。

三・九　自民党憲法調査会は総会を開催し、文芸評論家福田恆存氏より、日本国憲法についての意見聴取。

三・一〇　「自主憲」より憲法改正問題についての論拠資料第一四号『改憲の地方決議等に関する参議院予算委員会での総理大臣及び政府の答弁記録（抜粋）』を作成配布。

三・一二　「自主憲」より憲法改正問題についての論拠資料第一五号『現憲法はなぜ改正されなければならないか』（これまでの要点のまとめ）を作成配布。

三・一五　自主憲法期成議員同盟は、「改憲問題全般についての意見交換」を議題に、自民党憲法調査会と懇談会を開催。

三・一八　自主憲法期成議員同盟は、「奥野前法相処遇の件」その他を議題に、常任理事会を開催。

三・二三　自民党憲法調査会は総会を開催し、田口精一慶応義塾大学法学部教授より、日本国憲法についての意見聴取。

三・二四　自主憲法期成議員同盟は、自民党憲法調査会との合同懇談会を開催。

三・二四　自主憲法期成議員同盟は、「憲法改正の啓蒙普及活動を議員同盟へ委託してもらう件」その他を議題に、常任理事会を開催。

三・二六　第一八回自主憲法研究会は、「現憲法の司法と財政の規定には、いかなる問題点があるか」につき、竹花光範駒沢大学助教授の解説があり、つづいていかに改められるべきかが討議された。

四・一三　自民党憲法調査会は総会を開催し、小林直樹東京大学法学部教授より、日本国憲法についての意見聴取。

四・一五　自主憲法期成議員同盟は、常任理事会を開催。

四・二〇　自主憲法制定国民会議は、第一二回自主憲法制定国民大会を前に、大会運営の打ち合わせのため総会を開催。

四・二一　自主憲法期成議員同盟は、「昭和五六年度決算・経過報告」などを議題に、総会を開催。

四・二二　第一九回自主憲法研究会は、「現憲法の地方自治の章、および改正手続きの規定にいかなる問題点があるか」につき、竹花光範駒沢大学助教授の解説のあと、現行憲法第八章、及び第九章の改正につき討議が行われた。

四・二八　自主憲法期成議員同盟は、「第一二回自主憲法制定国民大会の件」を議題に、総会を開催。

四・二八　自民党憲法調査会は総会を開催し、前憲法調査会会長稲葉修氏より意見聴取。

五・三　第一二回自主憲法制定国民大会が、愛知県名古屋市市民会館において開催される。岸信介会長の挨拶、桑原幹根大会運営委員長の挨拶、植竹春彦自主憲法制定国民会議理事長の経過報告が行われ、つづいて自民党代表大野明国民運動本部長、自主憲法期成議員同盟代表八木一郎常任理事、地元議員代表江崎真澄衆議院議員、学者文化人代表結城睦郎名古屋大学名誉教授、青年代表瀬尾百合子らの諸氏から「推進の言葉」が寄せられた。また、奥原唯弘近畿大学教授の記念講演が行われた。

五・二七　第二〇回自主憲法研究会は、「現憲法の『最高法規』と『補則』の章にはいかなる問題があるか」につき、竹花光範駒沢大学助教授の解説のあと、出席者一同により討議が行われた。

五・二八　自民党憲法調査会総括小委員会開催。

五・二九　自主憲法期成議員同盟は、役員会を開催。

六・一六　自民党憲法調査会総括小委員会開催。

六・二四　第二一回自主憲法研究会は、「佐藤東大教授の改憲論批判を逆批判する」と題し、竹花光範駒沢大学助教授の解説があり、つづいて出席者によって改憲についての意見交換が行われた。

七・三　自主憲法制定愛知県民会議は、名古屋市厚生年金会館において運営委員会を開き、第一二回自主憲法制定国民大会の経過報告のあと、総会を開催、桑原幹根元愛知県知事を新しい会長に選出した。

七・一〇　自民党憲法調査会総括小委員会開催。

七・一五　自民党憲法調査会は総会を開催し、メリーランド大学教授セオドア・マクネリー氏より、憲法問題につき意見聴取。

七・二二　第二二回自主憲法研究会は、「百里基地（自衛隊違憲）訴訟・東京高裁判決の問題点」について、竹花光範駒沢大学助教授ほか憲法学者より解説があり、そのあと改憲問題について出席者一同の意見交換が行われた。

八・三　自主憲法期成議員同盟は、「憲法調査会案の検討」を議題に、常任理事会を開催。

九・二四　自民党憲法調査会正副会長会議開催。

九・二九　「自主憲」より憲法改正問題についての論拠資料第一六号『「平和憲法」の美称に惑わされて現実を見失う勿れ』を作成配布。

九・三〇　「「自主憲」より憲法改正問題についての論拠資料第一七号『憲法第九条幣原提案説を反駁し、父の汚名を雪ぐ』（幣原道太郎元独協大学教授が、『週刊文春』に発表された記事の要点）を作成配布。

一〇・二　自民党憲法調査会総括小委員会開催。

一〇・六　「自主憲」より憲法改正問題についての論拠資料第一八号『伯父マッカーサー元帥に代わって詫びる』（アメリカの良心シリーズ。マッカーサー元駐日大使の発言要旨）を作成配布。

一〇・一二　「自主憲」より憲法改正問題についての論拠資料第一九号『日本人へ、改憲へ

の『昭和維新』を提唱する』（アメリカの良心シリーズ。G・L・ウエスト博士見解①・講演記録要旨）を作成配布。

一〇・二七　「自主憲」より憲法改正問題についての論拠資料第二〇号『強要された憲法を、日本人はなぜ改めないのか、理解に苦しむ』（アメリカの良心シリーズ。G・L・ウエスト博士見解②）を作成配布。

一〇・三〇　自民党憲法調査会総括小委員会開催。

一一・一一　自主憲法期成議員同盟は、「第一次憲法改正試案の説明と検討」を議題に、役員会を開催。起案者竹花光範駒沢大学助教授、川西誠日本大学名誉教授・憲法学会理事長から説明を聴取した。

一一・二七　自民党憲法調査会総括小委員会開催。

一二・一　自主憲法期成議員同盟は、「第一次憲法改正試案の追加案の解説と審議・採決」を議題に、総会を開催。起案者竹花光範駒沢大学助教授の解説、川西誠日本大学名誉教授、三潴信吾高崎経済大学名誉教授から補足説明を聴取した。

一二・一八　自主憲法制定国民会議は、「来年の展望について」を議題に、定例幹部総会を開

催。

一二・二〇　自主憲法期成議員同盟は、「来るべき党大会の宣言文に自主憲法推進を盛り込む件」を議題に、常任理事会を開催。

一二・二三　自主憲法期成議員同盟は、「役員の改選・新任について」を議題に、役員会を開催。

●一九八二年（昭和五七年）

一・二六　自民党憲法調査会正副会長会議開催。

一・二八　「自主憲」より憲法改正問題についての論拠資料第二一号『占領下の実情と巧妙に強制された日本国憲法』（アメリカの良心シリーズ。マッカーサーの通訳担当副官ボワーズ氏の証言）を作成配布。

一・二九　自民党憲法調査会は、「今後の運営等について」を議題に総会開催。

二・二　自民党憲法調査会主査会議開催。

二・九　自主憲法期成議員同盟は、「今後の活動方針について」を議題に、常任理事会を開催。

二・九　自民党憲法調査会総括小委員会・四分科会合同会議開催。

二・一九　自主憲法期成議員同盟は、「第一三回自主憲法制定国民大会の件」その他を議題に、役員会を開催。

二・二四　第二三回自主憲法研究会において、「改憲草案において、天皇制をいかに表記すべきか」と題する、川西誠日本大学名誉教授（憲法学会理事長）の講話が行われ、そのあと質疑、意見の交換があった。

三・六　自主憲法制定愛知県民会議は、名古屋市熱田神宮会館において幹部研修会を開き、瀬戸山三男元法務大臣・自民党憲法調査会会長、竹花光範駒沢大学助教授の特別講演が行われた。

三・一八　「自主憲」より憲法改正問題についての論拠資料第二二号『護憲を唱える日本共産党も、かつて現日本国憲法に反対した』（野坂参三議員の昭二一・八・二四衆議院本会議議事録から）を作成配布。

三・二四　第一四回自主憲法研究会は、「改憲草案において、国防に関する規定をいかに表記すべきか」と題し、川西誠日本大学名誉教授（憲法学会理事長）はじめ、当日出席の憲法学者から講話・解説が行われたあと、出席者による意見の交換があった。

四・二三　第一五回自主憲法研究会は、現憲法の「国民の権利・義務に関する規定をいかに見直し、表記すべきかをテーマに、川西誠日本大学名誉教授（憲法学会理事長）、ほか多数の憲法学者より講話・解説があり、出席者全員による意見交換が行われた。

五・三　第一三回自主憲法制定国民大会が、明治神宮会館において開催される。岸信介会長挨拶のあと、池田清志副会長から運動方針の説明が行われ、つづいて「推進の言葉」が自民党代表瀬戸山三男憲法調査会会長、自主憲法期成議員同盟代表木村睦男参議院議員、学者文化人代表幣原道太郎独協大学名誉教授、その他婦人・青年代表から寄せられた。記念講演は国際政治評論家斎藤忠氏（元ジャパンタイムス論説主幹）による「急転する国際情勢の中での日本」。

五・二二　「自主憲」より憲法改正問題についての論拠資料第一三号『若い年齢層はすでに改憲へ傾いている』（毎日新聞のアンケート調査結果より）を作成配布。

五・二四　「自主憲」より憲法改正問題についての論拠資料第一四号『党内の改憲消極論VS積極論問答』を作成配布。

五・二八　第一六回自主憲法研究会は、現憲法における「天皇制、国防規定、権利義務」について意見交換を行った。講師・解説は川西誠日本大学名誉教授（憲法学会理事長）、ほか憲法学者多数。

七・一六　第一七回自主憲法研究会は、現憲法における「国会に関する規定のどこをいかに改めるべきか」について、出席者の意見を聞き、ついで川西誠日本大学名誉教授（憲法学会理事長）ほかの憲法学者多数から、それぞれ問題点の提示があり、さらに意見交換を行った。

八・四　自民党憲法調査会正副会長会議開催。

八・二一　自民党憲法調査会は、「憲法総括小委員会報告」を議題に総会開催。

一〇・二五　自主憲法制定国民会議は、改憲資料として川西誠日本大学名誉教授（憲法学会一一・一六　理事長）の講演をまとめた『憲法改正についての諸問題』を刊行。

一一・一六　第二八回自主憲法研究会は自主憲法制定愛知県民会議と合同の上、「自主憲法研修講演会」として、愛知県岡崎市勤労会館において開催。講師として、稲垣実男、浦野烋興、中野四郎各衆議院議員、円山雅也、扇千景、大木浩、八木一郎各参議院議員、杉山逸男日本大学法学部教授が登壇した。

一一・一七　第二九回自主憲法研究会は、愛知県犬山市体育館において、「自主憲法研修会」として開催。講師として、江崎真澄、海部俊樹各衆議院議員、堀江正夫、大木浩、八木一郎、扇千景、山東昭子各参議院議員、杉山逸男日本大学法学部教授、竹田五郎元防衛庁統合幕僚会議議長が登壇した。

一一・一八　第三〇回自主憲法研究会は、愛知県豊橋市公会堂に会場を移し、「自主憲法研修会」を続行。講師として、上村千一郎、村田敬次郎各衆議院議員、円山雅也、大木浩、八木一郎各参議院議員、工藤重忠亜細亜大学名誉教授が登壇した。

一二・三　自民党憲法調査会会長に、上村千一郎衆議院議員が就任。

一二・二八　自民党憲法調査会正副会長・分科会主査合同会議開催。

●一九八三年（昭和五八年）

一・二八　自民党憲法調査会正副会長会議開催。

五・三　自主憲法制定国民会議は、改憲資料として『現憲法のどこを、どう改めるか――第一次憲法改正草案とその解説』（これまでの研究成果をまとめた二五カ条にわたる具体的改憲案）を刊行。

五・三　第一四回自主憲法制定国民大会が、明治神宮会館において開催される。八木一郎参議院議員の開会の辞、岸信介会長の挨拶、植竹春彦自主憲法制定国民会議理事長の運動方針説明のあと、自民党代表塩川正十郎国民運動本部長、自主憲法期成議員同盟代表木村睦男参議院議員、学者文化人代表川西誠憲法学会理事長、その他婦人・青年代表の「推進の言葉」が寄せられ、「戦後の総決算は改憲からはじまる」と題し、勝田吉太郎京都大学教授の記念講演も行われた。

八・一〇　「自主憲」より憲法改正問題についての論拠資料第二五号『「靖国神社公式参

拝」が合憲であることの法的論拠』を作成配布。

八・一五　「自主憲」より憲法改正問題についての論拠資料第二六号『日本国憲法と日本の平和と安全』（早稲田学生新聞に掲載された幣原道太郎博士の論文を紹介）を作成配布。

八・三〇　第三一回自主憲法研究会において、「憲法改正への道」をテーマに、三潴信吾高崎経済大学名誉教授（同大学元学長、憲法学会常務理事）、川西誠日本大学名誉教授（憲法学会理事長）ほか憲法学者多数から、講話・解説があり、出席者一同による意見交換が行われた。

八・三一　「自主憲」より憲法改正問題についての論拠資料第二七号『「靖国神社公式参拝」が合憲であることの沿革的論拠』を作成配布。

九・一三　「自主憲」より憲法改正問題についての論拠資料第二八号『いま護憲を唱える日本社会党は、制定当時に現憲法に反対していた』（昭和二一年の制憲議会における発言記録――議事録より）を作成配布。

九・一三　「自主憲」より憲法改正問題についての論拠資料第二九号『護憲を唱える日本

社会党の、新憲法制定要綱と改憲宣言綱領）』を作成配布。

九・二九　第三二回自主憲法研究会は、川西誠日本大学名誉教授（憲法学会理事長）ほかの憲法学者から、各項目にわたる解説を聞きながら「自主憲法制定（憲法改正）への重点運動論」についての検討が行われた。

一〇・二六　第三三回自主憲法研究会は、前回に引き続き「自主憲法制定のための重点運動論」の検討、「内閣憲法調査会法」についての調査報告の検討、さらに「現憲法には、英文を翻訳した際の誤訳が多いので、その洗い出し」についての意見交換が行われた。講師・解説は川西誠日本大学名誉教授（憲法学会理事長）ほか憲法学者多数。

一一・三〇　第三四回自主憲法研究会（幹事会）で、今後の会の進め方、討議のテーマなどにつき検討が行われた。

●一九八四年（昭和五九年）

一・一〇　第三五回自主憲法研究会において、当面の検討課題として、「①現憲法にみられる翻訳の誤り箇所の洗い出し、②自主憲法の内容についての方針、③諸外国の改憲の進め方の調査研究、その他。」につき協議が行われた。

一・一二　自民党憲法調査会会長に、稲葉修衆議院議員が就任。

一・一二　「自主憲」より憲法改正問題についての論拠資料第三〇号『国務大臣が改憲発言しても、違憲ではない』（国務大臣の改憲発言と憲法尊重・擁護義務――竹花光範駒沢大学教授見解）を作成配布。

二・八　第三六回自主憲法研究会は、今年度において取り組むべき課題、活動方針などにつき、出席者全員の意見交換が行われた。

二・一四　自民党憲法調査会正副会長会議開催。

三・一二　第三七回自主憲法研究会（幹事会）は、現憲法第二章「戦争放棄条項」の検討を行った。

三・一七　自主憲法愛知県民会議は、名古屋市熱田神宮文化殿において改憲のための時局大講演会を開き、稲葉修元法務大臣・自民党憲法調査会会長、三潴信吾元高崎経済大学学長・憲法学会理事が講演を行った。

四・六　第三八回自主憲法研究会は、「海外主要国における憲法改正の実態――その一・アメリカ」について、竹花光範駒沢大教授の発表があり、そのあと質疑、意見の交換が行われた。

五・三　第一五回自主憲法制定国民大会が、明治神宮会館において開催される。岸信介会長の挨拶、清原淳平事務局長の運動方針説明のあと、「推進の言葉」が、自民党代表村田敬次郎国民運動本部長、自主憲法期成議員同盟代表森清衆議院議員、経済人代表木内信胤世界経済調査会理事長、文化人代表・作曲家黛敏郎氏、その他婦人代表、青年代表などから寄せられた。記念講演は稲葉修自民党憲法調査会会長の「私の憲法改正意見」。

六・五　自民党憲法調査会正副会長会議開催。

七・一九　自民党憲法調査会は、「今後の運営等について」を議題に総会開催。

七・二四　自主憲法期成議員同盟は、「今後の活動の重点をどこにおくか」その他を議題に、常任理事会を開催。

八・七　自民党憲法調査会憲法成立事情調査小委員会開催。

八・九　自民党憲法調査会正副会長会議開催。

一二・五　第三九回自主憲法研究会（幹事会）が開かれ、「今後のテーマの取り上げ方の順序」などにつき検討が行われた。

一二・二四　第四〇回自主憲法研究会（幹事会）は、「天皇の地位についての問題点検討」をテーマに行われた。

●一九八五年（昭和六〇年）

一・八　一月二二日に開催予定の自民党大会に向け、大会決議・宣言に「自主憲法制定」を掲記するよう要請書を議員会館内に配布。

一・一六　第四一回自主憲法研究会が開かれ、「天皇の地位・権限について」の問題点が検討された。

二・五　自主憲法期成議員同盟は、「憲法問題をめぐる情勢分析」を議題に、総会を開催。

三・二　自主憲法制定愛知県民会議主催のもと、「天皇陛下御在位六〇年奉祝大講演会」が、名古屋市市民会館において、全国に先駆けて開催される。講師は島津久子（第五皇女貴子内親王御義母君）、三潴信吾憲法学会理事（元高崎経済大学学長）。大会決議の中で、「憲法第一条（天皇の地位・権限）」の改正案が提起され、注目を集める。

三・一五　第四二回自主憲法研究会において、「大嘗祭は古来国事である」と題し、岩井利夫大嘗祭研究家の講話が行われた。

四・一〇　自由民主党は今秋の結党三〇周年にあたり、政綱等見直しの委員会を置き、井出一太郎衆議院議員が委員長に就任。（以後「井出委員会」と称する）。

四・一七　自主憲法期成議員同盟は、「第一六回自主憲法制定国民大会に関する事項」を議題に、常任理事会を開催。

四・二五　自主憲法期成議員同盟は、「五月三日の国民大会への申し合わせ」を議題に、理事会を開催。

五・三　第一六回自主憲法制定国民大会が、明治神宮会館において開催される。増田甲子七会長代理の挨拶、清原淳平事務局長の運動方針説明のあと、自民党代表中山正暉国民運動本部長、自主憲法期成議員同盟代表板垣正参議院議員、文化人代表竹花光範駒沢大学教授、その他婦人代表、青年代表による「推進の言葉」が寄せられた。記念講演は、「戦後政治と憲法問題」と題し、政治評論家藤原弘達氏が登壇。

八・一三　第四三回自主憲法研究会において、「大正大嘗祭と登極令附式」と題する岩井利夫大嘗祭研究家の講話が行われた。

一〇・二　「井出委員会」が、「自主憲法制定・憲法改正」の文言削除の新政綱案を発表。

一〇・三　自主憲法期成議員同盟は、自民党「井出委員会」の改正案が、「現行憲法の自主的改正」の文言を削除したことについて、反対決議を行い、岸信介会長名をもって自民党に意見書を提出。また、「自主憲法制定の意義について」と題する文書を作成して広く配布した。その結果、朝日新聞、サンケイ新聞、世界日報（いずれも一〇・四付朝刊）、さらに読売新聞（一〇・六付朝刊）などの各紙が「改憲派の不満噴出」と大きく報道し、世論を喚起。

一〇・九　自民党「井出委員会」は、改憲派の意見を尊重し、憲法調査会との調整に入ったと、朝日新聞、サンケイ新聞、世界日報の各紙が報道。

一〇・一二　大阪市公会堂において、岸田慶二郎理事長のもとに、「自主憲法制定大阪府民会議」の結成総会開催。

一〇・一六　第四四回自主憲法研究会において、自民党「井出委員会」の現憲法改正に関する案文についての是非を論議。

一〇・一六　自主憲法期成議員同盟増田甲子七副会長、自主憲法制定国民会議坊秀男副会長、八木一郎理事長、清原淳平事務局長は院内幹事長室において、金丸信幹事長に自民党大会において、その決議・宣言等に「自主憲法制定」の明記を要請。

一〇・一八　自主憲法期成議員同盟坊秀男副会長、清原淳平事務局長は、藤尾正行政調会長に前記の「自主憲法制定」の明記を要請。

一〇・二八　稲葉修自民党憲法調査会会長は、新政策綱領案に対する意見書を発表。「自主憲法の制定」ないし「憲法の全面的自主改正」の旗じるしは、永い将来に亘る党の理想であり、これを下ろすべきではないことを強調した。

一〇・二九　自主憲法期成議員同盟清原淳平事務局長は、自民党憲法調査会稲葉修会長より、自民党大会における決議・宣言等に記載する「自主憲法制定」の案文につき諮問を受け、直ちに答申。自民党憲法調査会は最終案を決定する。

一一・一　自民党総務会において、大会決議・宣言に記載する「自主憲法制定」の文言に関し、自民党憲法調査会案を採択。

一一・一五　自由民主党結党三〇周年記念大会において、「自主憲法制定」を改めて承認する。

一一・一五　自主憲法制定中部八県民大会が開かれ、愛知・石川・岐阜・静岡・富山・長野・福井・三重の各県幹部の研修が行われた。記念講演は杉田一次(社)日本郷友連盟会長による「日本人の独立心を奪う占領憲法」。

一一・一六　第四五回自主憲法研究会において、稲葉修憲法調査会会長から、「自民党の政綱等改正に絡む〝自主憲法〟問題の経過」について報告があり、つづいて「新しい日本国憲法を提案する」と題し、木内信胤（財）世界経済調査会理事長の講話が行われた。

一二・一八　第四六回自主憲法研究会において、「今年の問題点を振り返り、来年の運動方針を検討する」を議題に、民間・学者・国会議員三者による意見交換が行われた。

●一九八六年（昭和六一年）

一・八　一月二四日開催予定の自民党大会の「運動方針・宣言・決議」に「自主憲法制定」を掲記するよう要請書を議員会館内に配布。

一・一三　第四七回自主憲法研究会がひらかれる。議題は「今年の活動方針を検討する」。

一・二四　自民党大会開催。「運動方針・宣言・決議」に「自主憲法制定」が掲げられる。

二・八　第四八回自主憲法研究会において、御在位六〇年に当たり、現憲法第一条の検討が行われた。つづいて「大嘗祭の意義」と題し、岩井利夫大嘗祭研究家の講話があり、この問題について有志による継続研究が申し合わされた。

三・二八　自主憲法期成議員同盟は、「この一年の経過報告」その他を議題に、理事会を開催。

四・九　第四九回自主憲法研究会は、「憲法論の基本的課題」について、三潴信吾昭和音楽大学教授（元高崎経済大学学長）の講話が行われた。

五・三　自主憲法制定国民会議は、改憲資料として『今の憲法はなぜ改正されなければならないのでしょう』を刊行。

五・三　第一七回自主憲法制定国民大会が、東京都千代田区公会堂に会場を移して開催される。岸信介会長挨拶のあと、自民党代表宇野宗佑幹事長代理による挨拶があり、つづいて「憲法を改めて、時代を刷新しよう！」をテーマにシンポジウムが行われた。パネリストは政治評論家細川隆一郎、京都大学教授勝田吉太郎、弁護士・評論家佐藤欣子、女優岸ユキの諸氏。閉会に際し、八木一郎自主憲法制定国民会議理事長が万歳三唱の音頭をとった。

五・二六　名古屋市において、自主憲法制定愛知県民会議ならびに自主憲法制定中部八県民有志大会開催。東京からは八木一郎自主憲法制定国民会議理事長、清原淳平事務局長が出席。

七・五　第五〇回自主憲法研究会において、第一七回自主憲法制定国民大会のビデオを放映、大会運営について反省検討。つづいて、「憲法のあり方」と題する、三潴信吾昭和音楽大学教授（元高崎経済大学学長）の講話が行われた。

八・二　第五一回自主憲法研究会は、「天皇と憲法」と題する小森義峰国士舘大学教授の講話のあと、出席者全員による意見交換。

九・六　第五二回自主憲法研究会は、「国事としての大嘗祭と皇室典範」と題し岩井利夫大嘗祭研究家、「現憲法下の政教分離について」と題し、竹花光範駒沢大学教授の講話。そのあと、「自主憲法制定をどうすすめるか」についての意見交換が行われた。

一〇・四　第五三回自主憲法研究会において、「憲法存在の構造と将来の憲法のあり方」と題する相原良一東京水産大学名誉教授の講話があり、出席者一同の意見交換が

一一・一五　第五四回自主憲法研究会は、「参議院改革の諸問題」を取り上げ、小林節慶応大学法学部助教授の講話が行われた。

一二・六　第五五回自主憲法研究会は「日本国憲法の誕生を検証する」と題し、西修駒沢大学教授、「国事としての大嘗祭と皇室典範の改正」をテーマに、岩井利夫大嘗祭研究家の講話が行われた。

●一九八七年（昭和六二年）

一・一〇　自主憲法制定愛知県民会議は、桑原幹根会長および会員一同の名をもって「自主憲法制定要請書」を、中曽根康弘総理・自由民主党総裁に提出。

二・一三　自主憲法期成議員同盟の会議において、岸信介会長発病に伴い会長代行に木村睦男前参議院議長を選任することを内定。なお、推進委員会設置も内定する。（国会空転中のため出席議員数が定数に達せず、その後文書により承認を得た）。

二・一三　自主憲法制定国民会議において、会長代行に木村睦男前参議院議長を選任する件が承認された。

二・一三　第五六回自主憲法研究会において、「日本国憲法が成立するまで」と題し、木村睦男前参議院議長の講話が行われた。

三・一八　第五七回自主憲法研究会は、「憲法と国旗・国歌」と題する名越二荒之助高千穂商科大学教授の講話、及び第一八回自主憲法制定国民大会についての意見交換が行われた。

四・一〇　第五八回自主憲法研究会は、浜谷英博国士舘大学・日本政教研究所専任講師の「アメリカの対日圧力と安全保障問題」と題する講話のあと、第一八回自主憲法制定国民大会の打ち合わせが行われた。

五・三　自主憲法制定国民会議は、改憲資料として木村睦男自主憲法期成議員同盟・自主憲法制定国民会議会長代行の『憲法改正に対する私の考え』を刊行。

五・三　第一八回自主憲法制定国民大会が、東京都千代田区公会堂において開催される。木村睦男会長代行の挨拶につづき、中山正暉国民運動本部長が自民党を代表して挨拶。「推進の言葉」は共に自主憲法期成議員同盟推進委員を務める平沼赳夫、戸塚進也両衆議院議員。大会後半は「四十年も前の占領憲法を改めよう！」というテーマでシンポジウムが行われ、政治評論家今井久夫、国際問題評論家宇野正美、川西誠憲法学会理事長、木村睦男会長代行の諸氏がパネリストを務めた。閉会に際しての万歳三唱の音頭は八木一郎自主憲法制定国民会議理事長。

六・二六　第五九回自主憲法研究会において、「私の憲法改正に対する考え方」と題し、小林昭三早稲田大学教授の講話が行われた。

七・二四　第六〇回自主憲法研究会において、「日本国憲法をめぐる諸問題」と題し、竹内雄一郎高崎経済大学教授（憲法担当）の講話が行われた。

八・七　岸信介自主憲法期成議員同盟・自主憲法制定国民会議会長が、東京医科大学付属病院において逝去、享年九〇歳。

八・一一　港区芝増上寺において、葬儀委員長福田赳夫元総理のもとに、岸信介元総理の葬儀・告別式が行われた。

八・二七　第六一回自主憲法研究会は、「岸信介会長を偲ぶ会」を行い、出席者一同より、岸会長の思い出話が披露された。

九・一七　岸信介元総理の内閣・自民党合同葬が日本武道館において、中曽根康弘総理・葬儀委員長のもとに行われ、皇太子ご夫妻はじめ、政・財・官・学・民各界から五千人が参列した。また、天皇皇后両陛下からは侍従が差し向けられ、生花一対が贈られた。

九・二五　第六二回自主憲法研究会において、「民主主義国家における君主制の意義・在り方」について吉川智国士舘大学・日本政教研究所講師の講話が行われ、つづいて川西誠元日本大学副学長、竹花光範駒沢大学教授提案による「現憲法第一条『天皇』の条文をいかに改正するか」につき討議が行われた。

一〇・二三　第六三回自主憲法研究会は、竹花光範駒沢大学教授司会のもとに、「憲法第九条（戦争放棄）条項の改正案」を検討した。

一一・一三　第六四回自主憲法研究会は、竹花光範駒沢大学教授司会・解説のもとに、「憲法第二九条（私有財産制）の再検討」についての意見交換が行われた。

一二・二三　第六五回自主憲法研究会は、「現行憲法に不備な社会福祉規定をどう充実するか」をテーマに検討が行われた。司会・解説は竹花光範駒沢大学教授。

●一九八八年（昭和六三年）

一・二二　第六六回自主憲法研究会は、竹花光範駒沢大学教授司会・解説のもとに、「現行憲法上、最も違憲性の強い私学助成問題（第八九条）ほか」について討議が行われた。

二・一九　第六七回自主憲法研究会は、「第一九回自主憲法制定国民大会を成功させ、今後いかに国民運動を展開してゆくか」について意見交換が行われた。

三・一　自主憲法期成議員同盟第四代会長に、木村睦男元参議院議長が就任。

三・二五　第六八回自主憲法研究会において、自主憲法制定国民大会に向けての最終打ち合わせと、自主憲法制定運動を成功させるための意見交換が行われた。

四・二一　第六九回自主憲法研究会は、第一九回自主憲法制定国民大会を直前にして、大会運営につき詳細な打ち合わせのあと、今後の活動方針についても意見交換が行われた。

五・三　自主憲法制定国民会議は、ここ一年間の研究成果をまとめた改憲資料として『今の憲法をどう改正するか』を刊行。

五・三　第一九回自主憲法制定国民大会が、東京都千代田区公会堂において開催される。森下元晴自主憲法期成議員同盟推進委員長の開会の辞、木村睦男会長の挨拶のあと、自民党代表として森清憲法調査会副会長が登壇、挨拶。つづいて戸塚進也衆議院議員が「推進の言葉」を述べる。また、「現行憲法の改正に関する提案」として、①不明確な「天皇の地位・権限」の見直し、②解釈が多岐に分かれる「戦争放棄規定」の見直し、③土地を安く提供するための「私有財産制」の見直し、④違憲性の強い「私学助成禁止規定」の見直し、の四点につき清原淳平事務局長より、スライドで新旧条文を比較しての具体的改正条項の提示と解説があり、そのあと、監修委員木村睦男会長、相原良一東京水産大学教授、森下元晴推進委員長、三潴信吾高崎経済大学元学長、川西誠憲法学会理事長、竹花光範駒沢大学教授らの諸氏により、これを支持する意見発表が行われた。大会終了七・二九　後、木村睦男会長就任披露パーティが開かれる。

八・二六　第七〇回自主憲法研究会は、第一九回自主憲法制定国民大会の報告と反省、去る六月二五日に行われた自主憲法制定愛知県民会議の報告のあと、これからの検討課題について意見の交換が行われた。

九・一四　第七一回自主憲法研究会は、国会の改革を考える前提として、「国会の在り方について」憲法学者多数から問題点の指摘があり、竹花光範駒沢大学教授司会のもとに、出席者による意見交換が行われた。

一〇・二八　第七二回自主憲法研究会は前回に引き続き、国会改革問題をテーマに、「現行二院制をどう改正するか」について、竹花光範駒沢大学教授解説・司会のもとに討議が行われた。

一一・二五　第七三回自主憲法研究会は、「国会の地位（第四一条）の改正について」、及び「天皇陛下の御病気についての野党や一部マスコミの在り方に対するわれわれの対応について」をテーマに、竹花光範駒沢大学教授解説・司会のもとに意見の交換が行われた。

一二・一五　第七四回自主憲法研究会は、「国会の権能・権限の改正について」討議のあと、「皇室の権威を低下させようとする野党の発言や、一部マスコミの報道に、いかに対応するか」について意見交換が行われた。解説・司会は竹花光範駒沢大学教授。

一二・二二　第七五回自主憲法研究会は、「天皇と憲法」につき、当面する諸問題の検討と、前回に引き続いて「国会の権能・権限の改正」について、竹花光範駒沢大学教授の解説・司会のもとに意見交換が行われた。

●一九八九年（平成元年）

一・七　昭和天皇崩御。

一・八　「自主憲」では直ちに論拠資料第六一号『明治天皇、大正天皇の御大喪――崩御から御大喪にいたる経過諸式』、ならびに第六二号『御大喪を批判する勢力への反論――左翼勢力の言い分に反論する』の二本を作成。

一・九　木村睦男自主憲法期成議員同盟・自主憲法制定国民会議会長、森下元晴推進委員長、清原淳平事務局長が総理官邸に小渕恵三官房長官を訪ね、反対勢力の圧力に屈することなく、古式に則り御大喪を執り行ってほしい旨申し入れ、この二つの論拠資料を手渡した。また、これを各閣僚、政務次官、自民党首脳、新聞、テレビ、雑誌などマスコミへも送付した。

一・一二　「自主憲」論拠資料第六二号『御大喪を批判する勢力への反論』を、世界日報が六段抜きで報道。

一・一二　自主憲法期成議員同盟事務局において、一月三一日の自民党大会へ向け、「自由民主党の党是である自主憲法制定推進を、昨年一月の自民党大会と同様、来る自民党大会で決議・宣言・運動方針へ掲げて頂きたきお願い」書を作って、自民党首脳、運動方針起案委員、決議・宣言起案委員へ持参・要請を行う。

一・一三　毎日新聞は三段囲み記事で、自主憲法期成議員同盟が「理論武装用の論拠資料を配布」と報道。

一・一七　自主憲法期成議員同盟・自主憲法制定国民会議（木村睦男会長）は、「自主憲」

作成の論拠資料第六二号をコンパクトにまとめた『御大葬について政府・与党へ進言——反対勢力への譲歩は禍根を残す。正しい法的論拠で対抗を！』を、再び政府、閣僚、党関係、マスコミなどへ発送。

一・一八　自主憲法期成議員同盟木村睦男会長、清原淳平事務局長、及び竹花光範駒沢大学教授は、内閣法制局を訪ね、味村治法制局長官と面談、御大喪に関して一時間以上にわたり意見の交換を行った。

一・二四　自民党総務会において、一月三一日に開催予定の自民党大会での、「運動方針・宣言・決議」中に、自主憲法期成議員同盟が一月一二日以来提出しつづけてきた要望書に沿った文言「自主憲法制定の推進」が採択される。

一・二六　第七六回自主憲法研究会は、まず「大行天皇陛下の御大喪に関して、当団体がとった迅速な行動」につき、木村睦男会長、清原淳平事務局長の報告があり、つづいて先に政府へ提出した『御大喪に関する論拠資料』について、竹花光範駒沢大学教授ほか憲法学者から解説が行われ、それに関し、出席者一同から活発な意見が寄せられた。

一・二七　自主憲法期成議員同盟・自主憲法制定国民会議は、「御大喪に関する要望書」を作成、木村睦男会長名をもって政府に提出した。

一・三一　第五〇回自民党大会の「運動方針・宣言・決議」において、例年通り〝自主憲法制定の推進〟が謳われた。

二・一六　第七七回自主憲法研究会は、当団体その後の活動経過報告のあと、竹花光範駒沢大学教授ほか憲法学者により、二月二四日の御大喪についての解説が行われ、さらに御大喪が滞りなく行われるための意見交換があった。

二・二〇　自主憲法制定国民会議（木村睦男会長・森下元晴推進委員長）は、御大喪の礼にあたり「鳥居・大真榊を撤去することなく、御大葬の礼を執り行っていただきたき要請」書を作成、政府に提出した。

二・二五　自主憲法制定国民会議八木一郎理事長（自主憲法期成議員同盟常務理事）逝去、享年八八歳。

二・二八　八木一郎自主憲法制定国民会議理事長の葬儀・告別式が、東京都小平市海岸寺において行われた。

三・一七　第七八回自主憲法研究会は、当団体その後の活動経過報告のあと、竹花光範駒沢大学教授の解説・司会のもとに、前回に引き続き御大喪のあり方を検討した。

三・二九　森下元晴前衆議院議員（元厚生大臣）の自主憲法制定国民会議理事長就任決定。

四・一四　第七九回自主憲法研究会は、「第二〇回自主憲法制定国民大会」の最終準備打ち合わせを行った。

五・三　第二〇回自主憲法制定国民大会が、東京都千代田区公会堂において開催される。森下元晴自主憲法制定国民会議理事長の開会の辞、木村睦男会長の挨拶のあと、後藤正夫参議院議員が自民党を代表して挨拶を行う。つづいて「憲法・御大喪・大嘗祭を考え、新しい時代における改革を展望する」と題し、シンポジウムが行われ、大野健雄元宮内庁総務課長、勝田吉太郎京都大学教授、小林節慶応大学教授、戸塚進也衆議院議員、竹花光範駒沢大学教授がパネリストを務める。なお、大会終了後、森下元晴元厚生大臣の自主憲法制定国民会議理事長就任祝賀パーティが行われた。

六・二三　第八〇回自主憲法研究会において、第二〇回自主憲法制定国民大会の報告と、出席者による意見交換、つづいて「政治改革、国会改革」について討議が行われた。

七・二八　第八一回自主憲法研究会は、「天皇御遺産への相続税課税の可否とその法的論拠」について、学者の方々の見解披露と意見の交換。さらに、「政治改革、国会改革」問題の一環としての、自民党政治改革案の解説と、これに対する意見の交換。また、七月二三日に行われた参議院議員選挙の結果についても、今後の政治状況を含めて意見交換が行われた。

八・二四　第八二回自主憲法研究会では、懸案の「政治改革、国会改革」につき、「新内閣に望む」という趣旨も含めて意見交換。

九・二九　第八三回自主憲法研究会において、竹花光範駒沢大学教授の解説・司会により、「政治倫理はいかにしたら確立されるか、その実効性を考える」をテーマに、意見交換が行われた。

一〇・二七　第八四回自主憲法研究会において、「私の政治改革・国会改革についての考え」と題し、森清衆議院議員の講話があり、そのあとで「選挙制度の改革について」

意見の交換が行われた。

一一・二四　第八五回自主憲法研究会において、「政治改革、国会改革について」と題する大村譲治衆議院議員（元国務大臣・防衛庁長官）の講話があり、つづいて「国会を活性化するための改革について」出席者による意見の交換が行われた。

一二・一九　木村睦男自主憲法期成議員同盟会長、竹花光範駒沢大学教授、清原淳平事務局長は、「大嘗祭を国事として行う法的論拠」を、総理執務室にて海部俊樹総理に説明の上提出。

一二・二一　第八六回自主憲法研究会において、海部俊樹総理へ提出した「大嘗祭を国事として行う法的論拠」についての説明・報告があり、「政治改革、国会改革」案の総まとめにつき、意見の交換が行われた。

●一九九〇年（平成二年）

一・二六　第八七回自主憲法研究会において、竹花光範駒沢大学教授の解説・司会のもと二・二三 に、「政治改革、国会改革」案の総括（問題点の掘り下げ）が行われた。
第八八回自主憲法研究会において、前回に引き続き「政治改革、国会改革」案の総括が行われ、「①参議院議員の選出方法、②国会議員の任期、③常会の年二回制の可否。」その他の懸案事項につき意見交換が行われた。

三・九 自民党憲法調査会会長に、栗原祐幸衆議院議員が就任。

三・二三 第八九回自主憲法研究会において、竹花光範駒沢大学教授の解説・司会のもとに、「政治改革、国会改革」案の最終的総括が行われた。

四・一三 第九〇回自主憲法研究会は、第二一回自主憲法制定国民大会の最終打ち合わせ、大会スローガン、決議文などの検討を行った。

五・三 自主憲法制定国民会議は改憲資料として、ここ一年間の研究成果をまとめた『政治改革のための改憲案を提言する』を刊行。

五・三 第二一回自主憲法制定国民大会が、東京都千代田区公会堂において開催される。森下元晴自主憲法制定国民会議理事長の開会の辞、木村睦男会長の挨拶のあと、自民党代表として長谷川峻自民党基本問題調査会会長が挨拶。そのあと、推進

委員長戸塚進也衆議院議員も登壇。今大会における発表は「選挙制度の改革」について小林節慶応大学教授、「政治改革の具体案」について竹花光範駒沢大学教授、さらに「大嘗祭の象徴的意義」について森下元晴理事長がそれぞれ解説を行った。

五・二四 第九一回自主憲法研究会は、第二一回自主憲法制定国民大会についての反省、及び来年度に向けての研究テーマについて討議が行われた。

六・一四 第九二回自主憲法研究会は、引き続き今後の研究課題について意見交換ののち、「天皇と民の大嘗祭」と題し、高森明勅神道宗教学会幹事（大嘗祭研究家）の講話が行われた。

七・二四 第九三回自主憲法研究会で、政治改革の一環として「今の政治に提言する」と題する古川丈吉元衆議院議員の講話が行われた。つづいて竹花光範駒沢大学教授の解説・司会のもとに、『国権の最高機関』（第四一条）なる言葉は、社会主義国憲法にはあるが、民主主義国憲法にはないので見直す改正案」、「議員が選挙区の利益のために働きがちになるので、全国民のために働く趣旨を明確にす

る改正案（第四三条）」についての討議が行われた。

八・二　イラクがクウェートに侵攻・占拠して、いわゆる湾岸危機が勃発。自主憲法期成議員同盟事務局では、清原淳平事務局長名で論拠資料『憲法改正か、政府見解修正か』を作成、政府ならびに国会関係に配布。

八・一〇　自主憲法研究会において、「大嘗祭が合憲・合法であることの法的論拠」を作成。政府、国会関係に配布。

九・三　第九四回自主憲法研究会において、「日本国憲法改正私案」と題し、西部邁元東大教授（評論家）の講話のあと、質疑・意見交換が行われた。

九・七　自主憲法期成議員同盟戸塚進也推進委員長が中心となり、湾岸危機に伴い、対応策を検討する委員会を開催。以後ほぼ一〇日おきに開催。

一〇・一二　第九五回自主憲法研究会は、「中東貢献策に関する要請書」、「大嘗祭に関する要請書」の審議を行い、さらに竹花光範駒沢大学教授の解説・司会のもとに、政治改革、国会改革の一環として「参議院議員の選出方法と参議院の権限についての改革案」について討議された。

一〇・一五　自主憲法期成議員同盟推進委員会において、「当面する中東貢献策への提言と、危機管理体制の速やかな整備についての要請」書を作成。

一〇・二〇　自主憲法期成議員同盟戸塚進也推進委員長、清原淳平事務局長は総理官邸において、「当面する中東貢献策への提言と、危機管理体制の速やかな整備について」ならびに「大嘗祭が合憲・合法であることの法的論拠」の二本の要請書を、海部俊樹総理に説明の上、手渡す。

一一・一五　第九六回自主憲法研究会においては、まず「今上陛下の御即位・大嘗祭」を奉祝し、つづいて「中東貢献策と危機管理体制について」と題する堀江正夫（社）日本郷友連盟会長（元参議院議員）の講話が行われた。さらに「政治改革、国会改革の一環としての参議院改革」について意見交換。解説・司会は竹花光範駒沢大学教授。

一二・六　第九七回自主憲法研究会では、御即位・大嘗祭に参列した木村睦男会長より、式典の感想とともに、あらためて奉祝の言葉が述べられた。つづいて、本年六月より検討を続けてきた「政治改革、国会改革」の総まとめとして、竹花光範教授の解説が行われた。

●一九九一年（平成三年）

一・八　自主憲法期成議員同盟事務局は、自民党定期大会において、「運動方針・宣言・決議」から「自主憲法制定」を削除ないし後退させる原案を作成中であるとの情報を得て、直ちにそれに対応するべく行動を開始する。

一・九　自主憲法期成議員同盟事務局は、前項の自民党事務局の動きに抗議する文書を作成。衆・参両議員会館に配布すると共に、自民党関係各方面に修正の申し入れを行う。

一・一〇　自民党本部より、自主憲法期成議員同盟の要望に沿い、例年通り「自主憲法制定推進」の文言に戻す旨の連絡が入る。

一・二〇　第五二回自民党大会において、「運動方針・宣言・決議」の中に、「自主憲法制定の推進」が謳われる。

一・二四　第九八回自主憲法研究会は、前回に引き続き「政治改革、国会改革」の総まとめを行ったのち、今年の運動方針などに関し、出席者による意見交換が行われた。

二・二一　第九九回自主憲法研究会において、「湾岸戦争と憲法」と題する小田村四郎日本銀行監事（元防衛庁経理局長、行政管理庁事務次官）の講話があり、出席者一同の意見交換が行われた。

三・二八　第一〇〇回自主憲法研究会において、「もはや『平和憲法』の時代ではない」と題する加瀬英明日本安全保障センター理事長の講話があり、意見交換が行われた。さらに、第二二回自主憲法制定国民大会の準備状況につき、清原淳平自主憲法期成議員同盟事務局長から状況報告があった。

四・一二　第一〇一回自主憲法研究会は、第二二回自主憲法制定国民大会の、最終準備打ち合わせを行った。

五・三　自主憲法制定国民会議は改憲資料として、ここ一年間の研究の成果をまとめた『国会改革のための改憲試案』を刊行。

五・三　時代を刷新する会（国民連合）は、改憲資料として清原淳平著『独立国の体裁をなしていない日本国憲法――あなたは植民地憲法に甘んじるのか』を刊行。

五・三　時代を刷新する会（国民連合）は、現行憲法の問題点、平成憲法草案など、憲法学者の講演をまとめた『憲法フォーラム論文集』を刊行。

五・三　東京都千代田区公会堂において、第二二回自主憲法制定国民大会開催。森下元晴自主憲法制定国民会議理事長の開会の辞、木村睦男会長の挨拶につづき、自民党代表板垣正参議院議員、推進委員長戸塚進也衆議院議員が登壇。そのあと、「憲法改正は当たり前」と題して政治評論家細川隆一郎氏、「憲法改正の今日的意義」というテーマの下に元東大教授・評論家西部邁氏の記念講演が行われた後、さらに竹花光範駒沢大学教授から、「国会改革についての改憲試案」が発表された。

六・二六　第一〇二回自主憲法研究会は、第二二回自主憲法制定国民大会についての反省のあと、竹花光範駒沢大学教授司会のもとに、来年度へ向けて取り上げるべきテーマを検討した。

七・二五　第一〇三回自主憲法研究会は、「現実を無視した現行憲法」と題する、熊谷太三郎参議院議員（元国務大臣）の講話のあと、「現行憲法第三章『基本的人権』の各条項の問題点」について、竹花光範駒沢大学教授ほか憲法学者の解説があり、つづいて出席者一同による意見交換が行われた。

九・二五　第一〇四回自主憲法研究会は、木村睦男会長、森下元晴理事長の挨拶のあと、「自民党憲法調査会会長として、私はかく考える」と題し、栗原祐幸衆議院議員、元労働大臣・防衛庁長官の講話があり、続いて「現行憲法第三章『基本的人権』の各条項の問題点について」、竹花光範駒沢大学教授、ほか憲法学者の解説のあと、意見交換が行われた。

一〇・二七　第一〇五回自主憲法研究会は、前回に続き「現行憲法第三章『基本的人権』の各条項の問題点について」、竹花光範駒沢大学教授、ほか憲法学者の解説のあと、「宮沢新政権へ向けての我々の対応はいかにあるべきか」のテーマもふくめて、出席者一同にて意見の交換が行われた。

一一・二七　第一〇六回自主憲法研究会は、「国会報告、そして父の遺志を継いで憲法問題を考える」と題し、中川昭一衆議院議員の講話のあと、前回に引き続き「現行憲法第三章『基本的人権』の各条項の問題点について」、竹花光範駒沢大学教授、ほか憲法学者の解説のあと、意見交換が行われた。

二・一九 第一〇七回自主憲法研究会は、自主憲法制定国民会議の役員・中央委員・地方委員の構成案の提示と審議のあと、前回に引き続き「現行憲法『基本的人権』の各条項の問題点について」、竹花光範駒沢大学教授ほか憲法学者の解説のあと、意見交換が行われた。

憲法改正入門
—第九条の具体的改正案を提示—

1992年2月5日　初版第1刷発行
定価はカバーに表示してあります。

［著　者］清原淳平

［発行者］伊東英夫

［発行所］ブレーン出版(株)
東京都千代田区猿楽町1-3-1(〒101)
TEL 03-3293-1471(代)
振替 東京9-33382

［印刷所］教文堂

［製本所］石毛製本

ISBN4-89242 855-8 C0032

あとがき

ご通読いただき、ありがたく、感謝申し上げる。

著者の私としては、できるかぎり、やさしく分かりやすく、記述したつもりであるが、もし、ご質問・意見が出た場合は、事務局へご一報いただければ、お答えを申し上げたい。

なお、第三章については、発行してから、二十五年近く経っているので、その後に、追加・補正した部分もある。ご関心のある方は、この本を発行した『善本社』が、一昨年、『なぜ、憲法改正か!? 反対・賛成・中間派も、まず、読んでみよう!』を、発行してくれているので、それを、ご覧いただきたいと思う。

ところで、第三章の後半に、現行第九条［戦争放棄］の条項について、どこに、どのような問題点があるのかを詳述し、その上で、私の考えている改正案を掲げ、解説してある。

この理由について、その背景を説明しておこう。岸信介元総理の晩年十年近く接する機会のあった私は、日米安全保障条約改訂を実現したあと、岸先生は、憲法改正、特にこの第九条の改正を、念願されていたことは、痛いほどよくわかっていた。

私どもの団体では、昭和五十四年秋から、議員同盟有志と憲法学者を含む国民会議有志とで、毎月、研究会を開き、改憲案を練ってきた。そして、第三章第九条［戦争放棄］を除いた各章については、ほぼ合意をみて、私がその解説文をまとめ、委員たちの了承をえて小冊子にして、毎年五月三日の国民大会で、発表・公開してきた。

しかし、この第三章第九条［戦争放棄］については、特に議員同盟側の委員から、現行憲法第九十六条［改憲手続要件］の員数を充たす国政状況になく、実現できないから、いまはそっとしておこうとの意見が強く、掘り下げた研究にいたらなかった。そこで、岸信介元総理の内心を知る私としては、この問題は、私個人で研究を進めようと決意し、独自に研究を続けてきて、平成三年にそれをまとめ、清原淳平個人名にて発刊したというのが、その経緯である。

著者　清原淳平

お問い合わせ先（事務局多忙のため、文書でお送り下さい。）

「自主憲法制定国民会議」（＝新しい憲法をつくる国民会議）
住　所　〒一〇四―〇〇二八　東京都中央区八重洲二―六―十六　北村ビル三階
電話番号　〇三―三五八一―一三九三（代表）
ＦＡＸ　〇三―三五八一―七二三三
ホームページアドレス　http://www.sin-kenpou.com/

清原淳平（きよはらじゅんぺい）

東京都出身。昭和 31 年、早稲田大学卒業。昭和 33 年早稲田大学大学院修士課程修了。同大学大学院博士課程３年目に、西武の創立者堤康次郎会長（元衆議院議長）の総帥秘書室勤務。その際、時の岸信介総理のご面識を得たご縁で、昭和 53 年秋より、逐次、岸信介元総理が創立、ないし創立に関与された四つの団体の事務局長、常務理事、専務理事など執行役員を委嘱されて、以来、今日にいたっている。

その中には、昭和 54 年就任の自主憲法期成議員同盟事務局長、同年に就任した「自主憲法制定国民会議」（＝新しい憲法をつくる国民会議）があり、後者の国民会議では、事務局長、常務理事、専務理事、会長代行を経て、平成 23 年以降、会長に就任している。

憲法改正の研究に 35 年間にわたり携わってきており、この間、「憲法改正入門―第九条の具体的改正案を提示」他、多数の論述、著書がある。

集団的自衛権・安全保障法制

平成二十七年十二月二十五日　初版発行

著　者　清　原　淳　平
発行者　手　塚　容　子
印刷所　善本社製作部

〒101-0051　東京都千代田区神田神保町二―十四―一〇三
発行所　株式会社　善　本　社
TEL（〇三）五二一三―四八三七
FAX（〇三）五二一三―四八三八

ISBN978－4－7939－0473－8　C0032

既刊

なぜ憲法改正か!?

清原淳平 著

本体一一〇〇円＋税（送料290円）

日本図書館協会選定図書

日本国憲法は、植民地憲法
　非独立憲法の体裁である。
憲法は施行の時点で静止。
　時代は日進月歩・分進秒歩。
そのギャップを改正できなければ
　解釈で補うほかない。
六十八年も改正していないので
　解釈で補うのも、限界に近い。

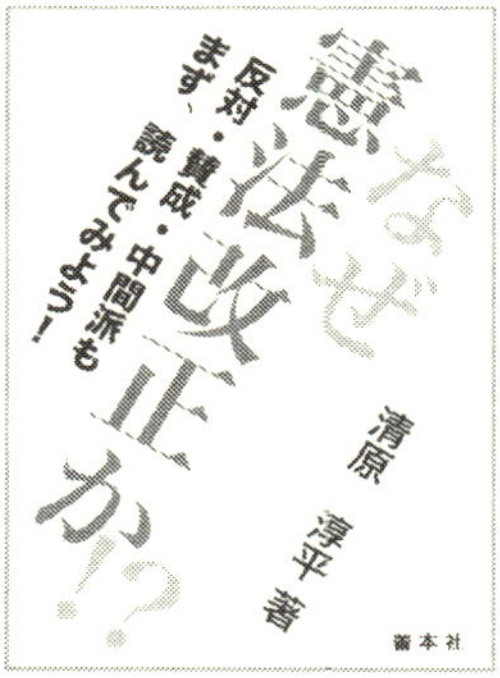

ISBN978-4-7939-0467-7

新刊

岸信介元総理の志 憲法改正

清原淳平 編著

～日本を思う真の姿を明らかにする～

本体一五〇〇円＋税（送料290円）

ISBN978-4-7939-0470-7

目次